危機のリーダーシップ

いま問われる政治家の資質と信念

大川隆法
RYUHO OKAWA

まえがき

衆議院解散、総選挙へと突入した今、日本的風土の中における、民主主義の、ある種の虚《むな》しさを感じている。

この国は、言葉によるゴマカシの技術を、選挙で競《きそ》っているのか。国民を言葉でうまく騙《だま》した者のみが、選挙で勝てるのか。マスコミは印象操作《いんしょうそうさ》され、また、自《みずか》らも印象操作して、「マスゴミ」となり果《は》てる。

「一喝《いっかつ》！」が必要である。

幸福実現党からも七十五名以上立候補している。本音《ほんね》だけで戦う政党である。

「国難《こくなん》」については、八年前から言っている。国の財政赤字は、バラまき選挙の結果であり、国民にさらなる税負担を求めるのはおかしい。日本列島越えの核ミサイル実験を続ける国は、国家としての存続《そんぞく》を認めない。危機のリーダーは、強い信念と、勇断が求められる。烏合《うごう》の衆《しゅう》など相手にしてはいけない。

二〇一七年　十月三日

幸福《こうふく》の科学《かがく》グループ創始者兼総裁《そうししゃけんそうさい》
幸福実現党創立者兼総裁《こうふくじつげんとうそうりつしゃけんそうさい》　大川隆法《おおかわりゅうほう》

危機のリーダーシップ　目次

まえがき　3

第1章　日本よ、「当たり前の国」になれ

――『自分の国は自分で守れ』講義①

二〇一七年九月二十四日　説法《せっぽう》

東京都・幸福の科学　東京正心館《しょうしんかん》にて

第2章　危機のリーダーシップ
――『自分の国は自分で守れ』講義②

二〇一七年十月一日　説法
愛知県・幸福の科学 名古屋《なごや》正心館にて

第1章

日本よ、「当たり前の国」になれ

――『自分の国は自分で守れ』講義①

二〇一七年九月二十四日　説法《せっぽう》

東京都・幸福の科学　東京正心館《しょうしんかん》にて

1 「解散権の私物化」をしている安倍《あべ》首相

今日（二〇一七年九月二十四日）は、出版されたばかりの『自分の国は自分で守れ』（幸福の科学出版刊）の講義をしたいと思います。本書と、先月八月末に発刊された『緊急守護霊《きんきゅうしゅごれい》インタビュー 金正恩《キムジョンウン》 vs.ドナルド・トランプ』（幸福の科学出版刊）の二冊が、最近の考え方をだいたい象徴《しょうちょう》しているのではないかと思います。

幸福の科学の動きもこれに連動していますが、最近の世間《せけん》のほうはやや違《ちが》った動き方をしてきているので、今日は、ある意味での決起大会ということになるで

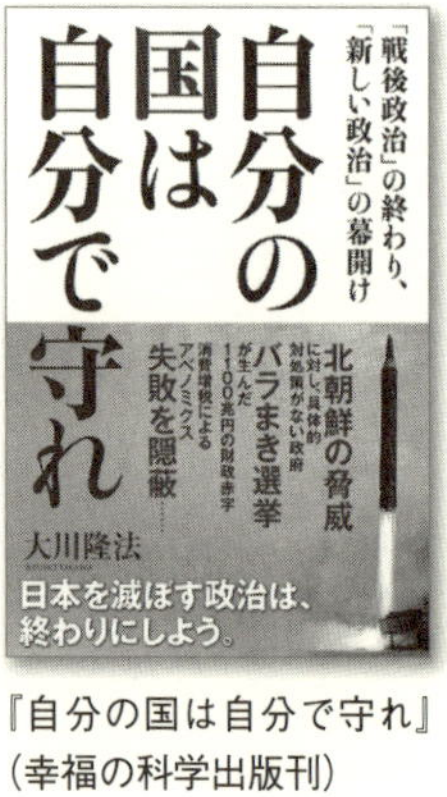

『自分の国は自分で守れ』
（幸福の科学出版刊）

しょう。

安倍《あべ》首相は明日《あした》にも衆議院の解散を表明するのではないかと言われていますし、二十八日の臨時国会では、冒頭《ぼうとう》の所信表明演説をなしにして何も言わずに解散をするようです。要するに、考え方を述べると〝突《つ》っ込《こ》みどころ〟ができるからでしょう。

この解散のタイミングに関しては、野党等も意見を少しは言っています。ただ、自民与党《よとう》としては、負けが比較《ひかく》的少なく、最近、落ち込んでいた支持率のわりに勝てるチャンスがあるかもしれないというあたりを狙《ねら》ってのことでしょう。

本講演が開催された東京正心館・大礼拝室（東京都・港区）の様子。

とはいえ、〝変な制度〟ではあります。衆議院議員には四年間の任期があるのですから、基本的にはそれまでやるべきでしょう。よほど大きな国民的テーマがあるときに、それについての考えを国民に対して投票で訊《き》くということであるならば、解散の意味も分からなくはありませんが、どうも、言っていることが小さいと思います。

単に、「勝てるのではないか」と思うあたりでの解散ということであれば、「解散権の私物化」をしているのではないかという疑惑《ぎわく》は拭《ぬぐ》い去れません。加計《かけ》学園や森友《もりとも》学園問題等、さまざまな不祥事《ふしょうじ》の追及逃《ついきゅうのが》れに、たまたま北朝鮮《きたちょうせん》問題等のほうに国民の目が逸《そ》れてきたこともあるので、ここで解散をしたほうが有利であるという判断かと思います。

もちろん、今後、アメリカと北朝鮮の関係がどう推移するかという読みもあってのことだろうとは思うのですが、結局、「内閣があっても特に機能はしない」ということでしょう。つまり、「何かあったら、あとは防衛省と自衛隊は適当にやっておけ。主として、アメリカの問題だ」というようなことではないかと思います。

そういう態度に対し、私は、「自分の国は自分で守れ」という意見を本にして出したわけです。

これは、以前から言っていることではあるのですが、「現在」というものの世界史的な意味を、もう少し考えたほうがよいのではないでしょうか。やはり、島国根性《こんじょう》の小さな頭で、〝たらいのなか〟だけでやっているような感じで考えるのはどうなのかと思うのです。

2　日本を危機に陥《おとしい》れているマスコミ

戦後の変化に対応できず、現状を鳥瞰《ちょうかん》する力がない日本

日本は、戦後七十二年もたって、まだ過去に縛《しば》られたままでいます。いわゆる〝金縛り状態〟になっており、国民も、教育体制も、マスコミの報道姿勢も膠着《こうちゃく》している状況《じょうきょう》で、変化に対応できないでいるのではないかと思います。「今、進んでいるのは、どういうことなのか」という現状を鳥瞰《ちょうかん》するだけの力がないと思われることが、とても残念でなりません。

例えば、最近では、ＮＨＫが「沖縄《おきなわ》と核《かく》の問題」について特集していました（二〇一七年九月十日放送、ＮＨＫスペシャル「スクープドキュメント　沖縄と

核」)。

それによると、戦後、沖縄がアメリカに統治されていた時期に、沖縄にはアメリカの核ミサイル基地があったそうです。今は、そこは廃墟《はいきょ》になっているような状態ですが、番組では元アメリカ兵等にインタビューをしながら特集を組んでいたのです。

その論調を聞いていると、「沖縄にこれだけの核ミサイル基地があって、日本人、特に沖縄の人には知らされていなかった。万一《まんいつ》のときには、沖縄は核で吹《ふ》っ飛び、消滅《しょうめつ》していたかもしれない」というようなことでした。

特に、一九六二年のキューバ危機においては、ソ連がキューバに核ミサイル基地を設《もう》けて、アメリカにミサイルを向けようとしていたことを受け、ケネディがその撤去《てっきょ》を求めて、いわゆる海上封鎖《ふうさ》を行いました。彼が、「もし、ソ連のフルシチョフがキューバからミサイルを撤去しなかったら、全面戦争も辞さない。核戦争も辞さない」と決めたときには、沖縄のミサイルはすべて、すぐにでも発射できる「ホット」の状態になっていたといいます。そして、元アメリカ兵が、その当時を思い出して、「沖縄は本当に危ないところだった」ということを言っている姿を流していたのです。

これらを結論的に見ると、「沖縄がかわいそうだ。米軍基地はあるし、核がたくさんあることを知らされていなかった。日本の国家は不正直で、すべて沖縄にしわ寄せをした」というような言い方になるわけです。

これだけでは、沖縄で今、米軍基地の辺野古《へのこ》移転の反対運動等をしている人たちのように、米軍基地の撤去運動をするのが正しいことであり、その応援《おうえん》として、番組を通して、「ヤンキー・ゴー・ホーム（アメリカ人は帰れ）」と言っているようにしか見えません。実際、私にはそのように見えました。

「個人の救済」と「国家レベルの問題」では考え方が違《ちが》ってくることを知るべきだ

ただ、今述べた番組と同じようなものは、マスコミの基本的な体質ではあるので、これについては考えなければならないと思っています。

ＮＨＫに入局すると、最初に上司から教わることのなかに、「マスコミの使命とは権力への監視《かんし》であるから、基本的な取材姿勢としては、とりあえず、『弱者の味方』という方針を立てれば、それでよいのだ」といったものがあるように聞いています。

それに対し、特別な異論があるわけではありません。

弱き者、あるいは経済的に貧しい者たちに光が当たっていないならば、そこを助けるために取材し、報道することによって、国や地方公共団体が、しなければならないことに気づきます。そういうものが報道されたら、「何とかしなければいけない」と考え、政治が動き始めるわけです。そのような意味での使命がマスコミにあることは、事実でしょう。

また、これは、宗教にとっても考え方としては大きくズレているわけではありません。宗教としても、弱き者や貧しき者、あるいは圧迫《あっぱく》されている者等を助けること自体は、決して本務に背《そむ》くことではなく、しなければならないことの一つです。

ただ、そうした「個人や少数の者の救済という考え方」が大事である一方で、もう一つの問題は、それが「大きな組織や国家レベルの問題」になってきたときには、その考え方が変わってくることがあるというところです。

例えば、国家レベルで考えたときに、常に少数者の利益だけを推進して、多数者の利益を損《そこ》なうような判断をし続けた場合、国の政治を間違《まちが》った方向に導くことになりかねません。

では、NHKが「沖縄と核」についての特集を放送したことにより、〝利益を得たところ〟はどこでしょうか。それは、まさしく今、核開発をし、ミサイル実験を行《おこな》っている北朝鮮《きたちょうせん》でしょう。この場合、「北朝鮮が核ミサイルを保有して自国を守ろうとするのは、当然のことだ」と言っているようにも見えるわけです。

その特集は、「冷戦時代には、日本も、こんなにもたくさんの核ミサイルを用意して、戦う準備をしていた。もしかすると、沖縄を中心として、ソ連と中国の両方と戦うつもりであったのかもしれない。もし、そのようになっていたら、沖縄は、当然、攻撃《こうげき》されて粉々になって、なくなっていたに違いない」という感じでつくられていました。

これでは、金正恩《キムジョンウン》のほうに、「アメリカが核攻撃できるのだから、北朝鮮も当然ながら（核で）防衛すべきだ」という〝信号〟を送っているように見えなくもないわけです。

3　まもなく朝鮮《ちょうせん》半島で「開戦」がある

アメリカと日本の意識、どこが違《ちが》っているのか

それから、次に危惧《きぐ》されていることとしては、中国本土の覇権《はけん》主義があります。
ただ、これについては、今、トランプ大統領の登場によって少しぐらつきつつあり、習近平《しゅうきんぺい》国家主席であっても、アメリカにやや追随《ついずい》する姿勢を示し始めています。

これは、やはり、トランプ大統領が非常に〝強い大統領〟だからです。弱ければ、中国もアメリカの足元を見るはずですが、そうとう〝強い大統領〟なので、決めたことは断固としてやるという姿勢を取っています。

また、トランプ大統領は、すでに、シリアへのミサイル攻撃《こうげき》を行いましたし、アフガニスタンにも巨大爆弾《きょだいばくだん》を落としました。

こうしたことを、まったくの無警告で行《おこな》っているということは、やはり、彼は、「善悪」を判断し、「神の目から見た善と悪」というものを常に考えているということでしょう。そして、神の目から見ての善悪の判断がついたならば、「この地上から悪の勢力を駆逐《くちく》し、善の勢力を広げることが、世界を引っ張っているアメリカの使命である」というように考えているわけです。

これは、経済大国でもあり、軍事大国でもあるアメリカの、さらにもう一つの「宗教大国」でもある面を見せているのだと思います。

トランプ大統領は9月22日、南部アラバマ州で開いた集会で演説し、北朝鮮の金正恩委員長について「小さなロケットマン」と皮肉り、「狂人にあちらこちらでロケットを撃たせておくわけにはいかない」と述べた。

その点、日本は、そうした神の目から見た善悪や正義というものに対する意識が極《きわ》めて弱いので、残念でなりません。

先般《せんぱん》も、天皇皇后両陛下《へいか》が、退位を前にしての私的旅行と称《しょう》し、北関東にある北朝鮮《きたちょうせん》からの渡来人《とらいじん》を祀《まつ》る高麗《こま》神社に参拝《さんぱい》をなされていました。それに関する報道では、天皇が以前におっしゃった、「桓武《かんむ》天皇の生母《せいぼ》は百済《くだら》から来られた方の子孫《しそん》だ」というようなお言葉も引用されていましたが、「今の時期」に、どういう意味があって、高麗神社という北朝鮮系の神社に私的参拝をされたのか、私たちはその真意を聞きたいところではあります。

善意に解釈《かいしゃく》して、朝鮮半島の平和と日本の平和をお祈《いの》りされたものだろうと考えたいところではありますが、靖国《やすくに》神社には行けなくて、そうした北朝鮮系の神社にはお参りできるというのは、国家の象徴《しょうちょう》としてはどうなのかという面が、若《じゃっ》干《かん》、なきにしもあらずです。

やはり、「日本における神の正義とは何か」ということを、突《つ》き詰《つ》めて考えてはおられないのではないかということが、とても気になります。

国連演説で見せた、北朝鮮《きたちょうせん》に対するトランプ大統領の本音

衆議院選挙が始まると、国政は、おそらく三週間は選挙戦によって置き去りにされることが多くなるでしょう。

すでに、現在、アメリカと北朝鮮《きたちょうせん》のトップの間で〝言葉による戦争〟が始まっているわけですが、その中身を見るかぎり、先はそう長くはないことが、ある程度分かります。

私自身は、「開戦がある」と判断しています。

安倍《あべ》首相のほうは、十一月上旬《じょうじゅん》にトランプ大統領が日本や中国等を回るつもりであることも踏《ふ》まえ、おそらく、それ以降に戦争があると考えているのでしょう。

「日本や中国等と、北朝鮮との戦いの事後処理についてまで話をつけてから、開戦するつもりでいるのだ」と判断しているのだろうと思うのです。

また、先日の国連総会での意見を聞くかぎり、トランプ大統領は、本人の守護霊《しゅごれい》の意見とまったく同じことを言っていました（前掲《ぜんけい》『緊急《きんきゅう》守護霊インタビュー　金正恩《キムジョンウン》 vs. ドナルド・トランプ』参照）。北朝鮮に対しては、「totally《トータリー》 destroy《デストロイ》」、つまり、「完全に壊滅《かいめつ》させる」ということを、はっきりと言っていたのです。とうとう、地上の本人の口から言いました。

あるいは、私の書籍《しょせき》を読んでいる可能性もあります。それで、「ああ、そうか。私の守護霊は、こんな

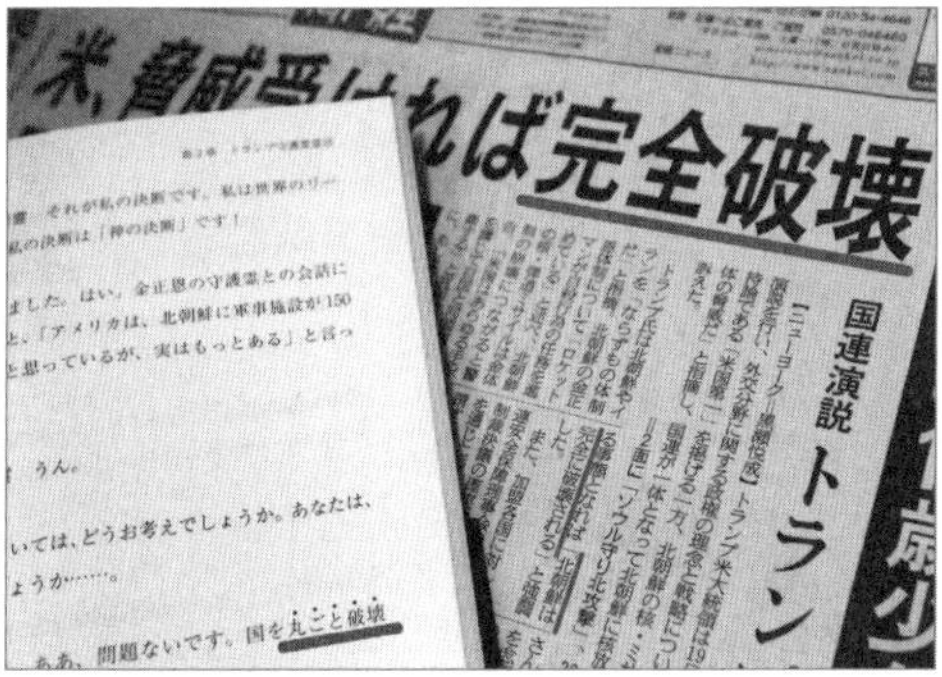

『緊急守護霊インタビュー　金正恩 vs. ドナルド・トランプ』（幸福の科学出版刊）のなかで、トランプ大統領守護霊は「（北朝鮮を）丸ごと破壊する」「国全体を完全に破壊し尽くす」などと語った。その後、トランプ大統領は９月19日の国連総会演説で、「北朝鮮を完全に破壊する」と、同様のことを述べた（左：９月20日付産経新聞）。

ふうに考えているのか。それなら、そう言わなければいけない」と思ったのかもしれません。

直接に霊指導を受けていたのかもしれませんね。（スピーチの）原稿《げんこう》にないことを言ったようではあるので、もしかすると、直接に霊指導を受けていたのかもしれません。そのときに指導霊が入ったのか、原稿にないことを少々話すようなところがあったそうですが、私は、「それがトランプ大統領の本音だ」と思っています。

一方、金正恩は、本講演の二日前にも、トランプ大統領に対して、「老いぼれの狂人《きょうじん》」などといったことをずいぶんと言っており、北朝鮮が、アメリカとまったくの互角《ごかく》か、互角以上の国であるかのような言い方をしていました。

ただ、アメリカという国をそれほどまでになめているのなら、北朝鮮は大変なことになるでしょう。

現実に一戦交えなければ分からない金正恩《キムジョンウン》の愚《おろ》かさ

ただ、現時点では百パーセントとまでは言えないかもしれませんが、一つのチャンスとして、私が北朝鮮に対し、もう何度も勧《すす》めているのは次のようなことです。

北朝鮮は、核《かく》開発をやめ、今まで開発したものを捨て、ミサイルも捨て、そして、国連を中心とした国際社会の意見を受け入れて政治体制を変えること。そして、国民に雑草を食べさせてでも核開発をするというような、そういう政治思想は捨て、韓国《かんこく》に近づけた体制をきちんとつくることです。

ただし、「そのようなかたちに変えるので協力してくれ」と、折れてくる可能性はゼロではありませんが、あまり甘《あま》いことは考えないほうがよいでしょう。今までやってきたことを見るかぎり、そんな人ではないことだけは明らかです。千に一つもその可能性はないだろうとは思っています。

もう一つは、北朝鮮のなかでは、表向きはすべて「金正恩崇拝《キムジョンウンすうはい》」で固めてはいますが、彼の宗教的指導者としての資質はかなり低いものです。したがって、何らかのかたちで「北朝鮮の国自体が潰《つぶ》れる恐《おそ》れがある」というならば、軍部や党などの一部の人たちがクーデター等を起こし、「金正恩を追放するかたちもありえる」ということです。

あるいは、「本人もロシア亡命を企《くわだ》てている」などといった報道もないわけではないので、そういうかたちで戦争をせずに終わる可能性も少しは残っています。

しかし、彼の若さとプライドから見るかぎり、一戦交えなければ納得《なっとく》しないタイプではないかと見ています。

金正恩は、アメリカと北朝鮮の、その彼我《ひが》の戦力差がどの程度あるかを、実際にやってみなければ分からないタイプなのでしょうが、この愚《おろ》かさには救いがたいものがあります。

今のロシアであっても中国であっても、アメリカと全面戦争をしたいなどとは思ってはいないので、そういうことは絶対に言わないのです。なぜなら、彼らは、やれば負けることが分かっているからです。

もし、金正恩が、北朝鮮でも勝てると思っているか、あるいは威嚇《いかく》すればどうにかなると思っているレベルの交渉力《こうしょうりょく》であるならば、それは、おそらく、国民を悲惨《ひさん》な泥沼《どろぬま》に引きずり込《こ》むことになるでしょう。

もちろん、「日本が巻き込まれるか」、「韓国が巻き込まれるか」等の承認を取らなければいけないところはあるのだろうと推定はしますが、だいたいの大きな勝敗は〝極めて短い間〟に決まると思います。

完全に破壊するところまで行くのにどのくらいかかるかは分かりませんが、トランプ大統領の守護霊が言っているとおり、おそらく、三日以内には大きな勝敗は決まると思われます。もっと言えば、数時間ほどで、北朝鮮の主要な部分は、ほぼ壊滅状態になるでしょう（前掲『緊急守護霊インタビュー 金正恩 vs.ドナルド・トランプ』参照）。

金正恩は相手をなめすぎていると思うのですが、実際は、〝ウシガエル〟と〝牛〟の戦いのようなものであるので、それは知っておいたほうがよいでしょう。

また、日本の国としては、「自衛隊に何ができるのか」ということと、「日本に難民等が大量に来たときに、これをどうするか」ということについての取り組みがまだ十分ではありません。

それらをどうするつもりなのでしょうか。難民が来たら、それをみんな海岸線で撃《う》ち殺すのでしょうか。それとも、受け入れて収容するのでしょうか。あるいは、そのなかの一部に抵抗《ていこう》する者が入っていたり、武装している者がいたりした場合は、どうするのでしょうか。

こういうところについての考え方はまだ十分にできていないと思います。おそらく、「それを言うこと自体が国民を脅《おど》すことになりかねない」として、言えないのでしょう。

4　日本を「当たり前の判断」をする国に

「自分の国は自分で守る」のは当たり前のこと

私が言いたいのは、「この国はもっと自信を持たなければいけないのではないか」ということです。

また、宗教が言うには非常に恐縮《きょうしゅく》なことではあるのですが、「宗教でもあるまいに、戒律《かいりつ》ばかりつくってどうするのですか」と言いたいところはあります。「あれをしてはいけない。これをしてはいけない」というものばかりが、日本の政治にはたくさんあるわけです。

例えば、自衛隊にしても、正式には、発砲《はっぽう》されるなり、ロケット弾《だん》や機関銃《きかんじゅう》などが発射されるなりして、こちらが殺されるような状態になってからでなければ反撃《はんげき》ができないことになっています。

これは、ほぼ、「近代戦においては、そうとうな被害《ひがい》が出る」ということを意味しています。機関銃であっても、最初の攻撃《こうげき》を受けたら、かなりの打撃が出ます。戦闘機《せんとうき》によるものであっても、ミサイルがロックオンされたら、自衛隊機はまず撃《う》ち落とされるでしょう。その後、「これから反撃してもよい」と言われても、それは、そうとうな被害が出てからあとのことになります。

したがって、このあたりのことに対する考えについても、解禁しておかなければいけないのです。

要するに、明確に悪意を持ってこの国に迫《せま》っているものに対しては、国防を旨《むね》とする自衛隊は、当然ながら、通常の国家が「自衛の範囲《はんい》」として考えるような態度を取ってよいということです。

もし、上層部の許可を取らないと、発砲もできなければ手榴弾《しゅりゅうだん》も投げられない、ミサイルで応戦もできないということなら、どうにもなりません。

敵機が来たときに、航空自衛隊の戦闘機がスクランブル（緊急《きんきゅう》発進）をして近寄っていっても撃つことができないので、それは〝カモにされる〟だけなのです。「来たよ」という以外の何ものでもないので、最初に飛んでいく人たちは〝撃ち落とされる人たち〟ということになります。

しかし、それを国民のほうから見たら、どうでしょうか。おそらく、その撃ち落とされた人の家族がまたテレビに映って、「何というひどい状態なんだ」というようなことを言うでしょう。

ですから、「自分たちの国は自分で守るという、当

2017年4月28日に沖縄県の東方空域で行われた日米共同訓練。先頭が航空自衛隊F15戦闘機、後方2機が米空母艦載機（航空自衛隊提供）。

たり前の国が当たり前に判断するぐらいのことは、そろそろきちんとやれ」と言いたいのです。

スイスにおいても、当然ながら国の軍隊を持っているので、たとえ「中立国」であるとはいっても、外国から攻撃を受けたら、自分たちの防衛のためにすることはすべきであるし、核《かく》シェルターもたくさんあります。要するに、「守らなければいけないものは守るべきだ」ということです。

「核シェルターの普及《ふきゅう》」等については、最近、幸福実現党のほうでも言っていることではあります。

こういうシェルター機能のところは、なかなか簡単に間に合うものではありませんが、今後もまだ長引くような状況《じょうきょう》があるようであれば、もう少し、取り掛《か》からなければいけない部分が出てくるでしょう。

宥和《ゆうわ》、譲歩《じょうほ》、対話で済む国と済まない国がある

野党も、左翼《さよく》系のマスコミも、「戦争はいけない」というようなことをたくさん言っています。そのとおりです。大変です。戦争になったら、悲惨《ひさん》な状態が数多く出てきます。

ただ、その「悲惨な状態」というのは、こちらが起こそうとして起こるものだけではありません。これは、相手がいることなので、相手との関係において起きるものだということです。

第二次大戦においては、ヒットラーを甘《あま》く見て、「ドイツにこの程度取らせてやれば、もうあとはおとなしくなるのではないか」とか、「石炭や鉄鉱石などが出るところを占領《せんりょう》させてやれば、あとはおとなしくなるのではないか」などというような適当な宥和《ゆうわ》策を取っていたら、どんどん拡大されたということがありま

した。

そのときに立ち向かったのは、イギリスのチャーチルです。結局は、彼が、アメリカとソ連を参戦させ、ドイツを破りました。なお、〝日本も破ってくださった〟と言えばそのとおりですが、チャーチルの魂《たましい》とは仏陀《ぶっだ》の時代にご縁《えん》があったと聞いているので、まことに複雑な気持ちがしないわけではありません（『「忍《にん》耐《たい》の時代」の外交戦略 チャーチルの霊言《れいげん》』〔幸福の科学出版刊〕参照）。

いずれにしても、「相手の本質を見抜《みぬ》く」ということは、やはり、大事なことです。宥和、あるいは譲歩《じょうほ》して、「対話する」などと言っていれば済む相手と、そうではない相手がいるので、やはり、本質をよく見抜かなければいけないということです。

北朝鮮《きたちょうせん》は、明らかに「悪魔《あくま》」に支配されている

宗教的に本質のところを言うと、北朝鮮《きたちょうせん》の初代・金日成《きんにっせい》、二代・金正日《キムジョンイル》とも、幸福の科学においてすでに霊査《れいさ》が終わっていますが、死後、いずれも地獄《じごく》の悪魔《あくま》になっていることは、はっきりしています（『北朝鮮　崩壊《ほうかい》へのカウントダウン　初代国家主席・金日成《キムイルソン》の霊言』〔幸福の科学出版刊〕、『北朝鮮――終わりの始まり――』〔幸福実現党刊〕等参照）。

地獄の悪魔になっている北朝鮮の初代・二代が指導している三代目の金正恩《キムジョンウン》が実戦行動に及《およ》べば、おそらく、初代・二代を超《こ》える「大悪魔」になることでしょう。これは笑い話では済みません。

金正恩は、「初代・二代を超えたい」という目標を持っていると思いますが、超える可能性はあると思います。ただ、彼の銅像を建てるときには、〝頭に角《つの》を

生《は》やして〟もらわないと物足りないかもしれません。

このように、「悪魔に指導を受けている国が、二千万人もの国民を人質《ひとじち》にして存在している」ということは、知っておいたほうがよいということです。

もちろん、「それぞれの国は、国として平等だ」ということであれば、独自にその国を防衛することは、「小さな正義」として、どこにも認められることではありましょう。

しかし、北朝鮮という国は、明確に悪魔が指導しているのです。

「ノストラダムス戦慄《せんりつ》の啓示《けいじ》」という映画（製作総指揮・大川隆法。一九九四年公開）のなかの最後に出てきますが、「北アジア共和国（北朝鮮を想定）から核ミサイルが日本に撃たれようとしているときに、地震《じしん》が起きて、撃てなくなったりするところ」や、「鬼《おに》か悪魔のような黒い雲が大きくなって、ウワーッと日本を襲《おそ》ってくるところ」を映像にした覚えがあります。

それは、もう二十三年も前のことになりますが、つまり、私たちの発信は、すでになされていたということです。

さて、今、日本が戦う〝武器〟としては、どのようなものがあるでしょうか。

ちなみに、私が〝真言宗《しんごんしゅう》の僧侶《そうりょ》〟であれば、金正恩の呪殺《じゅさつ》ぐらいやってもいいかなとは思うのですが、幸福の科学の総裁としては、立場上やれません（笑）。それは弟子《でし》レベルでやるようなことであり、世界を率いる宗教家としては、公式にはやりに

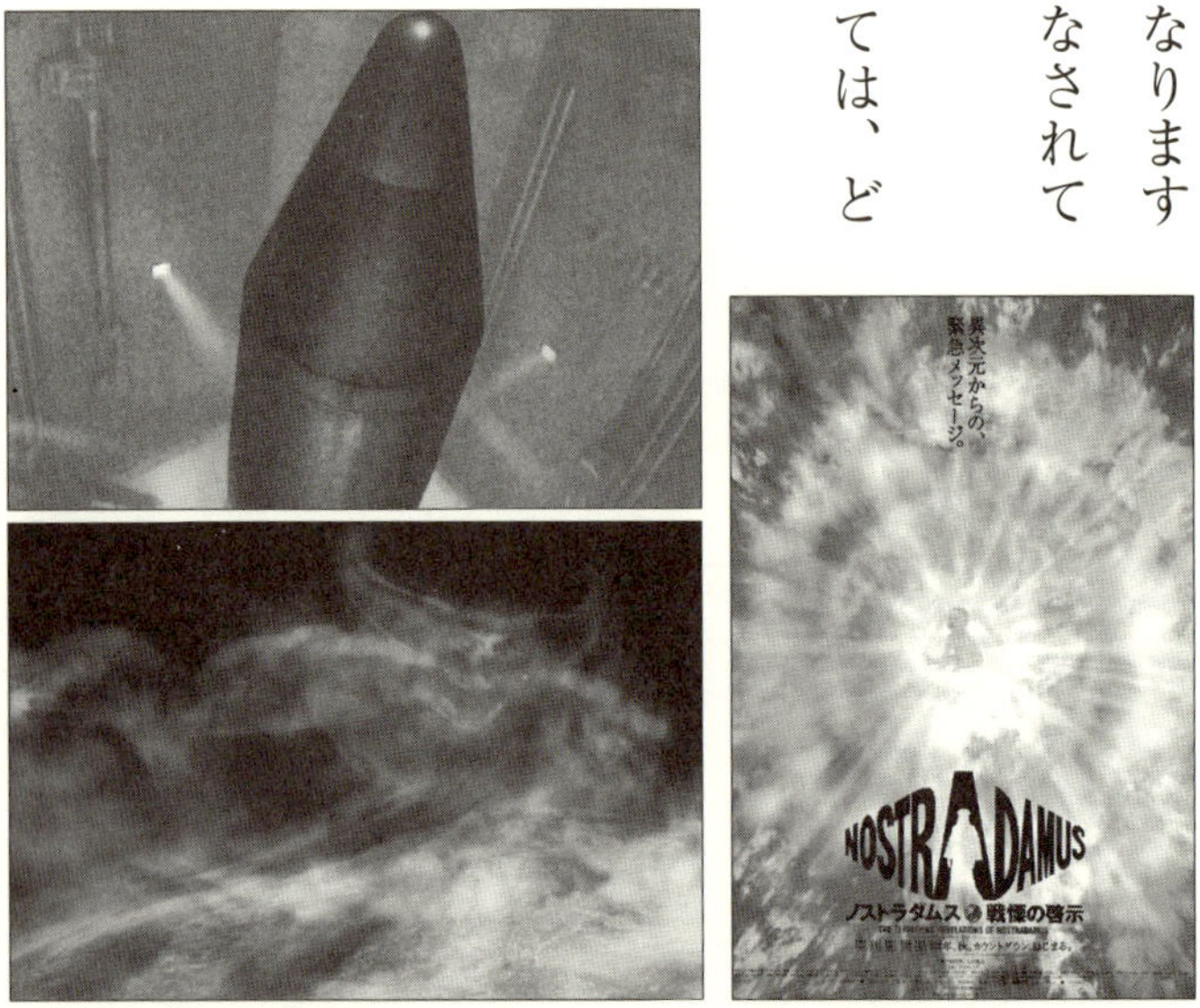

映画「ノストラダムス戦慄の啓示」（1994年公開／製作総指揮・大川隆法）（右）では、北朝鮮を想定した「北アジア共和国」が核ミサイルを日本に向けて発射しようとするシーン（上）や、悪魔が日本に襲いかかってくるシーン（下）が出てくる。

くいのです（笑）。

あとは、天照大神《あまてらすおおみかみ》による密《ひそ》かな「白頭山噴火《はくとうさんふんか》」、「北朝鮮地震」で反撃するか、あるいは、「台風をねじ曲げて向こうに飛ばす」か、このあたりが残された方法でしょう。自力でできるとしたら、もう、このあたりぐらいしか、今のところないと思います。

北朝鮮では、小さな地震は少し起きているそうですが、今、白頭山が噴火するか、富士山《ふじさん》が噴火するか、競争しているようなところがあるので、「念力戦《ねんりきせん》」はすでに始まっているのかもしれません（前掲《ぜんけい》『緊急守護霊インタビュー　金正恩 vs. ドナルド・トランプ』参照）。

ただ、北朝鮮は、悪魔に支配されている国家であって、ほとんどの国民が、事実上〝奴隷《どれい》状態〟になっており、逃《に》げることもできない状態です。さらには、日本人も百人以上拉致《らち》されていて、返してくれない状態になっています。トランプ大統領も、先日の国連総会の演説で、十三歳《さい》のときに北朝鮮に拉致された横田《よこた》めぐみさんのことに触《ふ》れましたが、そんなことが白昼堂々《はくちゅうどうどう》と成り立っているわけです。

もっと分かりやすく言えば、昔話で言う「鬼《おに》ヶ島《しま》に連れ去られた」という感じでしょう。そうであるならば、やはり、桃太郎《ももたろう》以下、犬、猿《さる》、キジがお供《とも》になって、取り返しに行かなくてはいけません。そのための自衛隊のはずです。

ところが、「日本人が百人か二百人ぐらいさらわれた」と言われているにもかかわらず、それが今、どうなっているかも分からない状態なのです。

しかも、向こうの二代目のトップ（金正日）が、小泉《こいずみ》政権のときに、「軍事演習の一環《いっかん》として日本人をさらった」と公式に認めながらも、これでただで済むと思っているのですから、完全に〝なめられて〟いるわけです。

九割以上の確率で「開戦」が近づいている

私は、おそらく九割以上の確率で、まもなく、アメリカの北朝鮮に対する軍事行動が起きるのではないかと思います。国連でのトランプ発言を受けて、金正恩は、「太平洋上で水爆《すいばく》実験を行う」というようなことを、外務大臣を通じて述べたり、声明として出したりしているので、そうであれば、アメリカはもっと早くやらなくてはいけなくなるでしょう。

まるでマンガのようですが、「〝電磁パルス攻撃〟というものが本当にできるのかどうか、それでアメリカの人工衛星の機能を破壊できるのかどうか、実験したい」と思っている国があることを、アメリカがそのまま放置できるとは思いません。「それをやられたあとに報復する」などとは、私には考えられないので、意外に「その時」は迫っていると思います。

●電磁パルス攻撃　高高度で核爆発を起こして発生させた強力な電磁波を利用して、電力や通信に障害を与え、都市機能を破壊する攻撃のこと。2017年９月３日、朝鮮中央通信は、開発された核弾頭について、「上空で爆発させ、広い地域への電磁パルス攻撃を加えることのできる多機能化されたもの」と報じた。

おそらく、日本の選挙などはまったく無視して、始まるときには始まるでしょう。

また、韓国《かんこく》の大統領には相談するだけ無駄《むだ》だと思います。相談したところで、「早く北に亡命したらどうだ」と言いたくなるような、そんな意見しか出てこないはずです。こんなときに、「北朝鮮に人道支援《しえん》を行う」などと言っているぐらいですから、「お金、あるいは、それに交換《こうかん》できるような物資を送れば、相手が手加減してくれるのではないか」と考えているのでしょう。おそらく、北朝鮮からは、〝食べられたくてしかたがなくて、狼《おおかみ》の前をピョンピョン跳《は》ねているヤギ〟のように見えていることであろうと思います。

いずれにしても、これは〝決着〟をつけなければなりません。「先延ばし」をして何年かたてば、北朝鮮

『文在寅《ムンジェイン》　韓国新大統領守護霊インタビュー』
（幸福の科学出版刊）

には完全な核ミサイルのシステムが完成する可能性があるので、もう逃げることはできないと思います。

金正恩の側には、「亡命する」「自分たちから降参する」という選択肢《せんたくし》はあるものの、それをなさないかぎり、国としては必ず壊滅《かいめつ》状態まで行くであろうと考えます。

これに私たちは耐《た》えなくてはいけないのです。日本人は数十年間、平和を享受《きょうじゅ》してはきましたが、今、その事実を知らなくてはなりません。

5　今、東南アジアの「冷戦」を終わらせる時

「ソ連邦《れんぽう》の崩壊《ほうかい》」は沖縄《おきなわ》の核《かく》がもたらした成果

先ほど述べた、NHKの「沖縄《おきなわ》と核《かく》」の特集では、「沖縄県の人たちは、沖縄に核が集まっているという危機のなかにあったのに、それを知らされていなくてかわいそうだった」というような報道をしていました。

しかし、その結果、どうなったかというと、「ソ連邦《れんぽう》が崩壊《ほうかい》した」のです。

冷戦のときには、本当に強かったであろう核武装したソ連邦に対し、「アメリカと日本」という、当時、両国で世界のGDP（国内総生産）の五十パーセント近いシェアを持っていた、世界一位、二位の経済大国が同盟を組んでいました。

そして、キューバにあったソ連のミサイル基地は撤《てっ》去《きょ》させられたけれども、沖縄のミサイル基地は撤去されずに残ったままだったので、ソ連は「勝ち目がない」という判断をしたのです。

要するに、「アメリカと日本は、戦わずして勝つことができた」わけです。そこまで報道しなければ、本当ではありません。

もちろん、「沖縄の人は、そんな恐怖《きょうふ》のなかを知らずに生きていた」という報道をしても結構でしょう。しかし、その結果、「冷戦が終わり、アメリカとソ連は〝熱い戦争〟（核戦争）をせずに済んだ」のです。この成果は、ものすごく大きなものでした。

沖縄の人たちは、そのためにずいぶんな力を発揮して、この国に協力をしてく

アメリカがキューバを海上封鎖するなどして、最終的にソ連が核ミサイル基地を撤去した。写真は、キューバ港からミサイルを運び出すソ連の貨物船（アメリカ空軍の偵察機が撮影／1962年11月）。

ださったわけで、そのことについては、当然、お礼を言ってもよいとは思います。

ただ、それが、戦わずして、あの大帝国《だいていこく》（ソ連邦）を降参させた原因なのです。

この冷戦の終結は、その後、例えば、「東西に分かれていたドイツが統一され、東ドイツがなくなった」ことにもつながりました。

ところが、今、ドイツでは、東ドイツ出身のメルケル首相が北朝鮮《きたちょうせん》への武力行使に反対なさっているようです。それを見ると、「分かっているのかな。まだ東ドイツのつもりでいるのではないかな」と、やや心配になるところもあります。

しかし、東ドイツのみならず、ポーランドなど、さまざまな東ヨーロッパの国がEUに集まっていますが、かつてはそれらも西側と冷戦状態になっており、その間、いろいろな粛清《しゅくせい》が行われていたわけです。

北朝鮮《きたちょうせん》・中国を「西側」に取り込《こ》まなければならない

ただ、今でもこうしたことが残っているのが、主として東アジアの地域なのです。この冷戦の決着をつけなければいけないときが来ています。これは、まだアメリカの大統領が強くて、日本の力があるうちに、終わらせたほうがよいのです。

今、もう一押《ひとお》し、この北朝鮮《きたちょうせん》問題を上手に解決することができれば、中国を「西側」のほうに誘い込《こ》むことも可能でしょう。中国を「西側」のほうに完全に取り込むことができれば、次は、「中国との戦いをせずに済む可能性」が極《きわ》めて高くなるのです。

ところが、「とにかく、戦争のない状態であればよいのだ」というような考えでいくと、必ず、中途半端《ちゅうとはんぱ》な〝ズルズルと長引くような感じの平和〟になるので、あまりそのようにならないでほしいと思っています。

6 「正論」を言い続けている幸福実現党

八年間、幸福実現党の主張を報道しなかったマスコミの「罪」

なお、幸福実現党としては、その訴《うった》えが、いつも、それほど票にならないので本当に困ってはいるのです。「自民党が言わないことをわが党が言って、自民党がその利益を享受《きょうじゅ》する」ということばかり、繰《く》り返し起きているわけで、この世的には、あちらのほうが賢《かしこ》いでしょう。

しかし、あの世的には、きちんと〝代価〟を払《はら》っていただくつもりでいます。この世的には「わが党が言って、あちらのほうに票が入る」というかたちになっているので、若干《じゃっかん》、悔《くや》しいとは思うのですが、あの世的には許すつもりはありません。

あるいは、メディアも一度、〝頭を剃《そ》って〟いただきたいなとは思っています。

幸福の科学は、八年前（二〇〇九年）から政党活動を行《おこな》っていますが、テレビ局や新聞社は、みなカメラを入れて取材に来ていたにもかかわらず、そうした活動について何も報道せずにきました。

ましてや、今、〝空襲警報《くうしゅう》〟のサイレンが鳴っているような状況《じょうきょう》になっているのに、なぜ彼らは「幸福実現党の言っていたとおりだった」と、一言《ひとこと》、書いたり述べたりしないのでしょうか。

これは、人間として卑怯《ひきょう》だと思います。それでご飯《はん》を食べてきた人間としては、許されないところがあるでしょう。真実を追求しているのなら、あるいは国民の利益のための報道をしているのなら、やはり反省すべきだと思います。

したがって、このあたりの人たちには、いずれ、みな頭を坊主《ぼうず》にして〝出家《しゅっけ》〟

していただこうかと思っているのです。

幸福実現党は立党から八年間、「正しいこと」を言い続けてきた

そのように、この世はすごく遅《おく》れてくるので、その間《かん》、しかたがないところはあります。

しかし、幸福実現党は、すでに八年間、活動してきています。

私は、ついつい、（党首の）釈《しゃく》（量子《りょうこ》）さん宛《あ》てのコメントに、「（選挙で）毎回、〝バンザイ突撃《とつげき》〟ばかりをやっている」という感じのことを書いてしまいました。ただ、事実上、〝バンザイ突撃〟に近いことを、いつもやってはいるのですが、国是《こくぜ》というか、国論というか、この国の体質自体を変えないかぎり、勝利がないのです。

先ほども述べましたが、要するに、「（軍備等が）何もないことを、よいこと

だ」とする、左翼《さよく》型の小さな考え方、それで人々を守るような考え方を、国論にまで引き伸《の》ばし、「それが正義だ」と考えるのであれば、幸福実現党などは、「とんでもないことを言っている」ということになるのでしょう。

ただ、あとになれば、「幸福実現党の言っていることは、どこも間違《まちが》ってはいないのに、なぜ、国民は、それについていかなかったのだろう」と、分かってくださるようなことに、おそらくなるだろうと思います。

あと二年で（二〇〇九年の立党から）十年になります。「十年持ちこたえたら天才だ」とも言われています。通常、十年はもちません。精神的にも経済的にももちませんし、その他、名誉《めいよ》や面子《メンツ》など、いろいろな面で、もたないところがあります。

私としては、若干、悔しいというか、「本当に、この国はどうなっているのだ」という気がしないわけではありません。

しかし、「戦後七十年間かかって、こうなったのだから、それを引っ繰り返すのに、それだけのエネルギーと時間がかかることは、しかたがないか」と思い、「忍耐《にんたい》強く説得していかなくてはならない」と考えているのです。

これだけ北朝鮮《きたちょうせん》のミサイルが日本列島越《ご》えをしているときに、また、北朝鮮が水爆《すいばく》実験まで行い、さらには、「日本を飛び越え、太平洋上の空中で水爆の爆発実験をやる」と言っているときに、国家として何もできないのは恥《は》ずかしいことです。

これが分からない人たちに、それを分からせるのも非常に大事なことなので、できるだけ、言い続けておきたいと思います。

信者が多くの人々のために戦い、攻撃《こうげき》量を三倍以上に

政治的な言動が宗教にとってプラスになるかどうかは分かりませんが、幸いな

ことに、当会の信者は減っていません。毎年毎年、着実に増えています。

ただ、高齢《こうれい》の方々が少しずつ亡《な》くなっていくことが残念です。非常に頼《たよ》りにしていた高齢のみなさんが、毎年毎年、減っていくことは寂《さみ》しいので、みなさん、信者数を減らさないように、頑張《がんば》って長生きしてください（会場笑）。やはり、減っていくのは寂しいのです。

かつて活躍《かつやく》された大黒天《だいこくてん》（教団を経済的に支える人）の方々が地上を去っていかれると、玉砕《ぎょくさい》されたように感じられ、悲しくてしかたがないので、できるだけ長生きしてください。意地でも長生きして、見守ってくだされぱと思います。

百歳《さい》でも一票は一票なので、頑張ってください（笑）。投票所に担架《たんか》で運んでもらっても、一票は一票ですから（会場笑）、「まだ一票あるのだ」と思って、なるべく粘《ねば》っていただきたいと思うのです。

また、仕事のほうで一定の区切りがついた方には、政治運動や伝道活動等について、できるだけ、自分が手にした時間や、フリーになった部分のエネルギーを使い、側面から援助《えんじょ》していただきたいと思います。

今、当会の活動は、職員だけで会社風にやれるようなレベルではありません。それには、もうとっくに限界が来ています。やはり、信者そのものが「神の戦士」として戦わないかぎり、もう、これ以上、大きくはなりませんし、大きなムーブメント（動き）にもなりません。

いろいろな映画を製作して公開してみたり、あるいは、ベストセラーの本を出してみたり、選挙を何回か戦ってみたりして感じることですが、「勝利」とはっきり分かるかたちを残したければ、率直《そっちょく》に申し上げて、「攻撃量《こうげき》を三倍以上にしなくてはならない」と言えます。攻撃量を三倍以上にしないかぎり、そうはならないのです。

今は、勝利に少し届かないぐらいのところで拮抗《きっこう》しているので、「もう一段、本気にならないと、この壁《かべ》は破れない」と思います。

当会はいろいろなことをやっているので、みなさんは、「いろいろなことに少しずつ参加して、ある程度盛り上がったら、それでいいのかなあ」と思っているようではありますが、それでは足りていないのです。

考え方や行動の仕方の限界を打ち破ろう

「一つの宗教団体が政党を持つ」というのは、なかなか大変なことであり、ほかの教団でも、そう簡単にはできないことです。

古手の宗教団体等には、応援している議員などはいます。例えば、自民党の特定の議員を応援している保守系の宗教もあります。

幸福の科学も、ほかの政党などの特定の人を応援するのであれば、票は、もっともっと取れるのです。過去には、それをやっています。例えば、自民党の立候補者を幸福の科学が応援し、選挙運動を支援すると、うまくいけば、立候補者一人について百万票ぐらいを集められるのです。

ところが、自分たち独自の政党でやるとなったら、そうはいかなくなります。ほかの教団の信者が票を入れなくなったり、マスコミが応援してくれなかったり、他の宗教が嫉妬《しっと》したりするため、票が減ります。この落差はかなりあるのです。

このあたりには、しかたがない面はあります。他の宗教には既成《きせい》政党の立候補者を応援しているところもあるので、(その宗教の票を取り込《こ》むことには)若干、無理なところもあるのです。

ただ、運動量を三倍ぐらいにすれば、いろいろな面で壁を破れるところまで行くと思います。

「宗教には、死ぬときにだけお世話になればよい」と思っている人が多く、実際に活動してくださる方は、それほどいないものです。しかし、「今やらないで、いつできるか」と言いたいのです。

また、この選挙の壁を突破できないようでは、主導的に日本を引っ張っていく国民的な宗教にはなりえませんし、世界宗教になることも、はるかに遠いことであろうと思います。

したがって、「どうか壁を破ってほしい。あるいは、自分たちの考え方や行動の仕方等に限界があるなら、その限界を打ち破っていってほしい」と思うのです。

7 幸福実現党は「国防」も「国の財政再建」もできる

〝日銀相場〟はもうすぐ限界が来る

先ほど、戦争的なことでは、自衛隊に関することを中心に述べましたが、経済的にも、幸福実現党が言っていたことは合っていました。幸福実現党が言っていたことを、あとから、トレース（追跡《ついせき》）というか、ずっと追いかけてみたら、だいたい当たっていたことが分かってはいるのです。

日銀は「金融緩和《きんゆうかんわ》」を現状のままで維持《いじ》しようとしていますが、ややバブルの気《け》が出てきていることは事実です。

安倍《あべ》政権の間だけは平均株価を支えようとしているのでしょうが、日銀が株を売り払《はら》い始めたら、一気に暴落が始まるので、「どこまで支えられるか」が問題です。

午後になると、〝日銀相場〟が始まり、「株価が下がったら、日銀が買いを入れて、買い支える」ということを、繰《く》り返し繰り返しやっていますが、「極《きわ》めて社会主義的になっている」と思います。しかし、おそらく限界はあるだろうと思います。もうすぐ限界は来るでしょう。

したがって、本格的に「資本主義の精神」で経済をグルグル回していかなくてはならない時期が来ているのです。

幸福の科学は、「国防」も「経済的な再生」も、両方ともできます。「国の財政再建」ぐらいできる力を持っているのです。

あの〝バカな人〟を取り除いていただき、こちらの意見が通れば、きちんとできます。ほんのちょっとしたことなのですが、「それが分からない人」がいたら、妨害《ぼうがい》され、させてもらえないのです。

「豊洲《とよす》移転を一年遅《おく》らせただけ」の小池《こいけ》都知事が、なぜ国政へ？

当会は、政治のほうではまだ遅《おく》れているので、とりあえず、何とかして壁《かべ》を突《とっ》破《ぱ》し、幸福実現党を政党として一定の規模まで持ち上げなくてはなりません。

共産党は、ずいぶん活動していますが、長くやっているので、それはしかたがありません。ただ、言っておきますが、共産党員の数よりも幸福の科学の信者数は多いのです。働いてくれないだけで、こちらのほうが数は多いのです。それから、当会は、経済的にも共産党に負けてはいけない規模であり、当会のほうがずっと力があるので、もう一段頑張《がんば》らなければいけないと思うのです。

負け慣れしすぎてはいけません。「間違《まちが》っているのは、どちらなのか」ということを、しっかりと示し、「北朝鮮《きたちょうせん》は間違っている」「マスコミの基本的な方針は間違っている」などと言っていくことが大事です。

小池《こいけ》都知事は、いわゆる「小池新党」として、「希望の党」をつくるようですが（注。本講演の翌日、小池都知事は、「希望の党」を立ち上げ、自《みずか》らが代表に就任することを表明した）、「もういいよ。早く引退してくれ」と言いたくなります。

都政も十分にできていないのに、国政を〝片手間〟でやらないでいただきたいのです。豊洲《とよす》への移転を一年遅らせただけではないですか。都政での実績は何もないではないですか。それなのに、なぜ国政をやるのですか。

小池新党は衆議院で何十議席かを取ろうとしています。「〝タダ〟で取れる」と思っているのです。「顔が売れている」ということだけで、それがやれるなら、これは国民がバカにされているのと同じです。「内容」で勝負しなくては駄目《だめ》です。

松下政経塾《まつしたせいけいじゅく》も設立から十年、当選者が出ていない

みなさん、もうそろそろ、そろそろ、「正念場《しょうねんば》」です。

松下政経塾《まつしたせいけいじゅく》も、設立から十年以上、国会議員の当選者はほとんど出ませんでした。一人だけ出ましたが、それは、父親が国会議員で、その引退後に自分も国会議員になった人が一人なので、政経塾の力によるものではありません。

そのため、「政経塾は、松下幸之助《こうのすけ》が年を取ってボケたために始めたものだから、やめるべきだ」と経済雑誌等で批判されたりしていました。

しかし、やがて、そこから人材が出てきました。

幸福実現党も、やめなければ、必ずいけると思います。

今の人材たちで勝てなければ、「その次の人材」をもう用意はしています。HSU（ハッピー・サイエンス・ユニバーシティ）の未来創造学部では、「タレン

ト」と「政治家」を両方ともできる人材をつくっています。その人たちが、顔を十年ぐらい売ってから立候補すれば、もう少し勝てるようになるでしょう。

今いる人たちが選挙で全然通らないのならば、次には、もう少し〝イケメン〟と美女で戦います（会場笑）。

今の人たちのなかにも、十分、〝イケメン〟も美女もいるとは思うのですが、もう一段、〝芸〟が足りません（会場笑）。もう少し面白《おもしろ》い話をしたりして、人の心を捉《とら》え、人気がガーッと上がっていくような〝芸〟が少し足りないのです。

今いる人たちは、宗教をやりすぎたために、〝塩を撒《ま》いて〟歩いている感じに少しなっていて（会場笑）、ほかの人たちが萎《な》えてくるようなところもあるので、もう少し〝芸達者〟な人を育てています。「十年後には、新しい戦力がたくさん出てくる」と私は思っているのです。

それまでの「つなぎ」と言ったら、かわいそうなので、「つなぎ」とは言いませんけれども、「少しでもいいから、死守して、突破せよ。何とかして、この日本の一角《いっかく》に、幸福実現党の旗を立てよ」と、お願いしたいと思います。

「やらなくてはいけないことは全部やる人」がリーダー

力は十分に持っています。ただ、いろいろなものに分散してしまい、同時多発のことをできない人たちが、リーダーのなかにもたくさんいます。

しかし、一つのことしかできない人はリーダーではありません。そういう人には、本来、リーダーの資格はないのです。リーダーとは、「やらなくてはいけないことは全部やる人」です。そういう人がリーダーなのです。覚えておいてください。

「映画に関する活動をやるから、選挙運動はしなくてよい」とか、「選挙運動をやるから、映画に関する活動や伝道はしなくてよい」とか、「伝道をしたら、植《しょく》福《ふく》（布施《ふせ》）をしなくてよい」とか、こんなことを考える人はリーダーではないのです。

やらなくてはいけないことは全部やる。これがリーダーです。

どうか、この言葉を覚えてください。

第2章

危機のリーダーシップ

――『自分の国は自分で守れ』講義②

二〇一七年十月一日　説法《せっぽう》

愛知県・幸福の科学　名古屋正心館《なごやしょうしんかん》にて

1　世界史規模の激動下で「平時のドタバタ」を続ける日本

中日新聞でも広告が掲載《けいさい》された
私の著書『自分の国は自分で守れ』

今回の講義は、衆議院の解散（二〇一七年九月二十八日）後、初めての講演になります。

『自分の国は自分で守れ』（前掲《ぜんけい》）という、青森県と愛媛《えひめ》県での講演を本にしたものがあり、それを参考テキストにして、先週、東京正心館《しょうしんかん》で話をしました（本書第1章）。

本講演が開催された名古屋正心館・礼拝堂（愛知県・名古屋市）の様子。

また、最新刊として、『「報道ステーション」コメンテーター 後藤謙次《ごとうけんじ》 守護霊《しゅごれい》インタビュー 政局を読む』（九月二十六日収録。幸福の科学出版刊）という本も出ています。同書には、先週の講演以降の出来事に言及《げんきゅう》した部分も入っています。

今日（十月一日）は、このあたりを踏《ふ》まえた上で、その他の話もしようと思っています。

ここは名古屋《なごや》なので、いちおう言っておかなければいけないことがあります。

（中日新聞を掲《かか》げて）地元の中日新聞は、（経営面で）東京新聞とつながっているそうなのですが、『自分の国は自分で守れ』の広告を打ってくださっています（会場拍手《はくしゅ》）。

同紙ではさらに、今回の講演の広告まで打ってあるのですが、広告を見て聴《き》き

『「報道ステーション」コメンテーター 後藤謙次 守護霊インタビュー　政局を読む』（幸福の科学出版刊）

に来ても満員で入れなかっただろうと思います。それで入れた人はほぼいないと思われますが、新聞でも告知した講演なので、内容に関しては、後《のち》ほど、いろいろなかたちで吟味《ぎんみ》されることになるかと思います。

報道を見るのもうんざりするほどのひどいドタバタ劇

今回は、はっきり言えば、「『自分の国は自分で守れ』の続きとして、今なら何を言うか」ということになるわけです。

最近も、各政党などにおける、いろいろな人の動きが報道されていますが、私としては、そういう報道を見ることに対して、そろそろ、うんざりしてきたような状態であり、「もう、いいや。この国は、もう、どうしようもないな」と感じています。「ああ、性懲《しょうこ》りもなく、こういうことが延々と続いていくのかな」と感じているのです。本当に、どうなっているのでしょうか。

そういうこともあり、今回は、数日前に「危機のリーダーシップ」という演題に決めたわけです。

まさしく、今、「危機の時代のリーダーシップを取れるような人」を、リーダーに選ばなければいけない時代が来ているのですが、報道等を見るかぎりでは、「どうも違《ちが》うのではないか。何か間違っているのではないか」と感じられます。平時のときと同じように、通常どおりの〝ドタバタ〟をやっているようにしか見えないのです。

そのため、「この国は本当に大丈夫《だいじょうぶ》なのか。『今、世界史的に見て、あるいは地《ち》球儀《きゅうぎ》的に見て、どういうことが起きており、日本には、どのような政治が必要なのか』ということが分かっているのだろうか」という思いになり、それを不思議な不思議な感覚で受け止めています。

私が発する言葉も、だんだん〝きつく〟なってきています。本に書いてあるものも〝きつく〟なってはきています。

2　人物こそ、まず問われるべき「政治家の資質」

神仏の前に恥《は》じない人物なのか

まず言いたいことの一つは、国会議員の問題です。

今回の選挙（第48回衆議院議員総選挙。二〇一七年十月二十二日投開票）で選ばれるのは衆議院議員ですが、国民の代表になる人たちなので、やはり「人物が問われる」と思うのです。

私は、「人物的に問題のある人は、立候補するのをやめていただきたい」という気持ちでいます。恥《は》ずかしいことであり、国民の投票意欲が落ちてくるからです。また、「それを話題にして報道することは、時間の無駄《むだ》というか、民主主義の事実上の否定にもつながるようなことなのではないか」という気がして、しかたがないのです。

ですから、「人物的に、もはや国民の上に立つべきではないような人は、もう立候補するのをやめていただきたい」というのが私の率直《そっちょく》な気持ちです。

どういう理由で、その人が議員をやっているのかは知りません。「地盤《じばん》を譲《ゆず》られた」とか、「政党から指名を受けた」とか、それぞれ理由はあるのでしょうが、議員の言動に関して、あまりにも情けない状態が続いています。

日本のマスコミは、私とはかなり違《ちが》う考えを持っているのだろうと思いますが、神仏の前で恥じないぐらいの人でないと、やはり政治家は務まらないのです。

技術や知識を持っているということで政治活動をやってもよいのですが、その〝前の段階〟において、やはり、「人間として恥ずかしくないレベル」というものがあると思うので、「このレベルは守っていただきたい」という気はします。

国会議員は、法律をつくったりして、国民の自由をいろいろと束縛《そくばく》します。税金もそうです。法律を通されたら、無理やり取られるのです。

国会議員は、そういう強制力を持ったものをつくる人たちなので、やはり、自《みずか》らの足元を照らし、「きちんとした立脚《りっきゃく》点に立って、やっているのかどうか」ということを、よく判断していただきたいと思います。

前原《まえはら》氏に、意地はなかったのか

それから、自民党と相対峙《あいたいじ》していた民進党では、九月になって前原誠司《まえはらせいじ》氏が代表に選ばれました。ところが、一カ月たたずして、〝政党がなくなる〟ような状況《じょうきょう》になっています（注。前原代表は、民進党の衆院選立候補予定者たちを離党《りとう》させ、希望の党から出馬させることを提案した）。

個人攻撃《こうげき》をしたくはないのですが、はっきり言って、「何だ、これ」という思いです。（名古屋《なごや》風に言えば）「しかたにゃあ」というか（会場笑）、「もう、どうしようもにゃあ」と言いたくなる感じです。何なのですか、これは。

前原氏が野党第一党の党首に選ばれてから一カ月ももたず、小池《こいけ》都知事が希望の党の旗揚《はたあ》げをしたら、それで崩《くず》れました。そして、崩れたあと、今度は〝踏《ふ》み絵〟を踏まされ、「（希望の党に）入《い》れるか、入れないか」ということを希望の党側に決められることになったわけです。バカみたいな話であり、申し訳ないけれども、「何だ、これ」としか言いようがないのです。

人を差別したり、バカにしたりする気持ちは私にはないのですが、これに関しては、基本的に、「政治家としての資質」のところにどうしても引っ掛《か》かりを感じざるをえません。

前原氏は京都大学出身で、高坂正堯《こうさかまさたか》という、保守系の政治学の先生に教わった人なのですが、高坂先生から、「君は学者になるには頭が悪すぎる。だから、政治家になれ」と言われたそうです。

これについて、私には、「高坂先生は〝無責任〟です。頭が悪いだけで政治家になれるわけではありません。その発言は無責任すぎたのではないですか。『学者になる頭がないから、政治家になれ』と言ってもよいですが、『政治家にも下限があって、これ以上でなければいけない』というかたちで、何か〝底上げ条件〟をつけていただかないと困るのです」と言いたいところがあります。

前原氏は情けなかったと思います。いくら何でも、あれはないでしょう。「意地」というものが多少はないと駄目です。野党第一党の党首として、与党《よとう》と対決するだけの意欲がなくてはいけないのです。

小池《こいけ》氏は、カッコウ型の乗っ取り政治

小池《こいけ》氏の希望の党のほうは、ほとんど、「金なし。組織なし。政策なし。何も

なし」の状態です。それが小池氏の言う「しがらみのない政治」です（会場笑）。何もないのです。

そのため、民進党を〝乗っ取り〟にかかっているわけです。他人《ひと》の金や組織などを乗っ取り、タダで手に入れようとしているのです。

鳥で言うと、カッコウのようなものでしょうか。カッコウは、ほかの鳥の巣に卵を産み、子育てをその鳥にやらせます。また、カッコウの雛《ひな》は、卵から孵《かえ》ると、育ててくれる鳥の卵や雛を巣から外に押《お》し出してしまいます。

はっきり言って、それに似ているのです。

これは徹底的《てってい》なる「奪《うば》う愛」です。あれでは、永田町《ながたちょう》の〝狸《たぬき》〟や〝狐《きつね》〟を批判する資格があるのかどうか、私には分かりません。

「この国は、いったい、どうなっているのだろう」と感じざるをえません。

安倍《あべ》首相は、単なる夫婦《ふうふ》の問題で解散し、「国難突破《とっぱ》選挙」と称《しょう》した（前掲《ぜんけい》『「報道ステーション」コメンテーター 後藤謙次《ごとうけんじ》 守護霊《しゅごれい》インタビュー政局を読む』を掲《かか》げて）後藤謙次という、「報道ステーション」のコメンテーターをしている方の守護霊にも霊言《れいげん》で訊《き》いていますが、安倍《あべ》首相に関して、私もつくづく感じていたことがあります。

「〝言葉のごまかし方についての訓練〟を積まれた」と言うべきかもしれないのですが、「よく白々《しらじら》と言い続けられるな」と思うのです。

自分と奥《おく》さん（安倍昭恵《あきえ》氏）に関する個人的なかかわりを追及《ついきゅう》されているのに、衆議院を解散し、「国難突破《とっぱ》選挙」と称《しょう》しています。

あれは、自分と奥さんだけの問題です。森友《もりとも》学園と加計《かけ》学園には自分と奥さんがかかわっているのでしょう？　一緒《いっしょ》にゴルフをしたり、一緒にご飯《はん》を食べたり、学校の前などで一緒に写真を撮《と》ったりし、個人的につながりがあるので、「立場上、おかしいではないか」と言われています。それだけのことでしょう？

ところが、それを、言い訳をして「国難突破」と言い、丸ごと巻き込《こ》んで選挙をしている状態なのです。

自分の問題には自分でけじめをつけてください。もう本当に「迷惑《めいわく》」としか言いようがありません。

私が金正恩《キムジョンウン》だったら、「何だ、もう日本は〝無血開城〟か。国連に行って話をしたら、それで終わりか。外交をやって、それで終わっているのか」などと言って、笑うでしょう。

こうなると、（安倍首相の）言葉を疑います。「国際的な結束を」「国際社会が足並みを揃《そろ》えて圧力を」などと一生懸命《いっしょうけんめい》に言っていますが、要するに、「日本はほとんど何もやらない」ということなのです。

言葉の使い方に関し、「ああ、こう使うのか。なるほど。こういう〝永田町用語〟があるのだな」ということが分かりました。

また、安倍首相が使う「アベノミクスは道半ば」という言葉については、「アベノミクスは失敗」という意味に取らなくてはいけないのだと思います（会場笑）。

まあ、政治家は、このような言い方をしなくてはいけないのでしょう。

それで言えば、幸福実現党の場合、どうなるでしょうか。「〝釈《しゃく》政治〟は道半ば」までは行《い》っていないかもしれませんが、「ただいま大気圏《たいきけん》を突破して宇宙に出たところです」という感じになると、だいたい同じぐらいになるのかと思います。

3 エリートは、天下国家のために身を投げ出さなければならないもの——高貴なる義務《ノーブレス・オブリージ》を果たせ

政治は「言葉」で行うものだろうとは思うのですが、今は話の前提が実につまらないので、私たち宗教の勉強をしている者にとっては、「立候補する前に、もう少し候補者の〝選《よ》り分け〟ができないものかな」と感じます。

私の大学の後輩《こうはい》に当たる人が、ここ（愛知県）にも一人いるのですが、四十代の女性で、いろいろと問題を起こしています（注。愛知7区選出の衆議院議員・山尾志桜里《やまおしおり》氏〔東大法学部出身〕は不倫疑惑《ふりんぎわく》で民進党を離党《りとう》した）。

ほかにも、東大法学部出身で、情けない人が出ています（注。衆議院議員・豊《とよ》

田真由子《たまゆこ》氏〔東大法学部出身〕は秘書への暴言・暴行問題で自民党を離党した）。「何だ、これは」というか、「恥《は》ずかしいなあ」と思います。

そんなことであってはいけないのです。（国会議員は）天下国家のために身を投げ出さなくてはならない立場です。したがって、その立場を利用し、「うまい汁《しる》を吸おう」とか、「威張《いば》ろう」とか、そういうことを考えては駄目《だめ》です。そういう人は弾《はじ》かなくてはいけません。そういう人はエリートではないのです。

日本のエリート感覚は間違《まちが》っているのではないかと思います。勉強し、いろいろな競争で勝ち上がり、エリートになったのかもしれませんが、「あとは、人々からご褒美《ほうび》をもらい、ほめてもらうだけの人生が待っている」と思っているのなら、それは大間違いです。

人の上に立つエリートとして選ばれたのなら、それだけの責任を背負わなくてはいけません（高貴なる義務《ノーブレス・オブリージ》）。また、自分に対して厳しくなくてはいけません。

人の上に立つ人ほど、自分に対して厳しくなくてはいけないのです。

エリートは、困っている人のために、志《こころざし》・エネルギー・知識を使え

私が民主主義政治を否定しない理由の一つは、次のようなことです。

民主主義政治においては、必ずしも最適の人を選べないこともありますが、政治家が〝天狗《てんぐ》〟になると、いちおう、すぐに選挙で落とされます。その意味では、「比較《ひかく》的、有害なものを取り除きやすい制度」ではあるのです。そこのところはメリットかと思っています。

〝すぐに出来上がってしまう人〟を、私は信用できません。

「よく勉強しました」と言う人がいます。そのことは分かりますが、よく勉強した人ほど、謙虚《けんきょ》にならなくては駄目です。謙虚になって、自分の知らないところや分からないところをもっともっと勉強し、困っている人や、もっと大きな力

を欲《ほっ》している人たちのために、自分の「知識」も「エネルギー」も「志《こころざし》」も使わなくてはいけないと思うのです。

今のエリートたちにはこのあたりが欠けているので、まことに残念至極《しごく》です。

4　今そこに迫《せま》る国家危機、いったい誰《だれ》がつくったのか

首相が嘘《うそ》を言うなら、国民は何を信じればいい？

安倍《あべ》首相については、多々語られているので、もう、それほど言う気はないのですが、「もし個人的な目標だけでやっているのであれば、考え直していただきたい」と思っています。

「『佐藤栄作《さとうえいさく》首相の七年数カ月の長期政権を抜《ぬ》きたい』という理由だけで、もしやっているのであれば、もう（政権を）私物化するのはやめていただきたい」と思っているのです。

うまくいっていないのなら、「うまくいっていない」と、はっきり言ってくだ

さい。経済（アベノミクス）に関しては失敗したのでしょう？

しかし、「国防や外交で頑張《がんば》り、全部やったので、百点満点だ」と、おそらく、自分では思っているのだと思います。

ところが、幸福実現党から言わせてもらえば、「どっこい、やっていませんよ。自分の国でできることを、本当に全部やりましたか？」ということです。

やっていないのに、選挙のときには、言い逃《のが》れをしながら少しだけ関係があるようなことを言い、本題から逸《そ》らしていく。選挙が終わったら、コチョコチョとやり始める。いつも、こんなことを繰《く》り返しているので、嫌《いや》なのです。

もう少し正直に、本音のところでやらなければいけないのではないでしょうか。

北朝鮮《きたちょうせん》危機は、国是《こくぜ》に隙《すき》がある日本自身がつくり出したもの

今回、（安倍首相は国連演説で北朝鮮《きたちょうせん》に関し）「国際社会を巻き込《こ》んでの大きな

問題と危機」というようなことを言っています。ただ、「北朝鮮危機」は、ある意味では「日本自身のつくり出した危機」でもあるのです。

日本は、戦後七十数年間、平和を満喫《まんきつ》したのかもしれませんし、そのなかには本当によい部分もあったとは思うのですが、外国に野心を抱《いだ》かせ、悪いことを考えさせるような隙《すき》がある考え方を、「国是《こくぜ》」として持っていたのではないかと思います。

日本には国として隙がありました。甘《あま》かったのです。

戦後の日本の政治家たちは、何十年も「アメリカ頼《だよ》り」の姿勢だけで政治を行い、本来、国の発展規模から見れば考えなければいけないことについて、何も考えずに済ませました。戦後政治は、「これさえやっていれば、マスコミがみな〝合格点〟をくれる」というような甘えの下《もと》に成り立っていたわけです。

ここに隙があったために、本来、狼《おおかみ》になるべきではなかったものを、狼にまで〝育て上げた〟部分はあると思うのです。

したがって、北朝鮮危機に関して「日本の責任はある」と私は思います。

日本に大国の自覚があれば、北朝鮮《きたちょうせん》危機はなかった

「アメリカのようになれ」とはさすがに言いませんが、日本がイギリスやフランス程度の自覚を持っていれば、北朝鮮《きたちょうせん》があのようになるわけはないのです。

北朝鮮のＧＤＰ（国内総生産）については、「日本の茨城県《いばらきけん》ぐらい」という話もあります。茨城県の方が聴《き》いていたら、ごめんなさい（会場笑）。決してバカにしたつもりではないのです。そんなことは全然なく、あくまでも、みなさんの考える材料として述べているだけなので、他意はありません。

例えば、茨城県ぐらいの経済規模の独立国家が二千数百万人の国民を率いているとして、大国アメリカと本当に対等の核《かく》戦争をするつもりなのか、「木っ端微塵《こっぱみじん》

塵《じん》にやっつけてやる」というようなことを国営放送で流したり、いろいろと実験を行《おこな》ったりしているわけです。

私が言いたいのは、「そうしたものをまともだと思うかどうか」ということにほかなりません。「それで二千数百万人の国民に対する責任を取れるのか。だから、バカなことはやめなさい。そんな間違《まちが》ったことをするんじゃない」と言っているのです。こんなものには右翼《うよく》も左翼も関係なく、客観的に見て、「愚《おろ》かである」と指摘《してき》しているのです。

日本側に責任があるとすれば、羊の放牧でもするように、「どこからでも襲《おそ》ってください」と言わんばかりに、〝防護柵《さく》を十分につくらなかった〟というところでしょう。あるいは、〝シェパードを飼っていなかった〟といったところでしょうか。

そのあたりに日本自体の責任もあるとは思いますが、「いいかげんにバカなことはやめてください」ということです。

アメリカに対する北朝鮮《きたちょうせん》の挑発《ちょうはつ》は「ネコに嚙《か》みつくネズミ」

いまだに北朝鮮《きたちょうせん》では、数基のミサイルを運び出したりしている様子が映像に映っているので、また何かやるつもりなのでしょう。十月十日の朝鮮労働党創建記念日までには何かやるつもりでいるのでしょうし、潜水艦《せんすいかん》から撃《う》つミサイル演習の準備をしているとも言われているので、あの性格からすれば、また近いうちに何かやることでしょう。

アメリカもよく粘《ねば》っているとは思います。「あのトランプ大統領がよくこれほど我慢《がまん》しているものだ」と思って感心しているのですが、いちおう、アメリカ大統領の重さを感じてはいるのでしょう。

はっきり言って、まるで、ネズミがネコに攻撃《こうげき》を仕掛《しか》けているような感じに見えているのではないでしょうか。ネズミがネコに対し、「本気で潰《つぶ》すぞ」などと言って噛《か》みついてきている感じだと思われるのです。トランプ大統領自身は、「もう、やっちゃおうかな」と思っているのかもしれませんが、周りは、「ちょっとどうかな」と見ているぐらいのものなのでしょう。ですから、北朝鮮も愚かなことはこのへんでやめたらいいと思います。

今、北朝鮮の外務官僚《かんりょう》がモスクワへ行き、ロシアと交渉《こうしょう》しているのですが、「何かのときに助けてもらえないか」とか、金正恩《キムジョンウン》の亡命先を探しているのか、そのあたりはよく分かりません。逃《に》げる先の一つぐらいはあってもいいのかもしれませんが、「もう、いいかげん、バカなことはやめなさい」と言うしかないでしょう。

人材がいない韓国《かんこく》の「どうしようもないリーダー」

もっとも、問題は、日本の能天気《のうてんき》な態勢ばかりではありません。

最近、韓国《かんこく》では〝あまりにもかわいそうな人〟が大統領になってしまい、本当に韓国国民が気の毒でなりません。まさに、「国内に人材がいない」ことを証明しているような感じがするのです。この危機に際し、リーダーはこのような人しか出てこないのでしょうか。

こういうときに、北朝鮮に「人道支援《しえん》」を申し出るような大統領というのは、もう、「はあっ？　この人は何を考えているのだろう」としか言いようがありません。いったい何を考えているのでしょうか。本当に信じられない感じがします。それを、アメリカが説得しなければいけないとか、日本が説得しなければいけないとかいうのは、ちょっと信じがたいところです。

ただ、アメリカの外交自体は頑張っているると言えるでしょう。今回は、あの中国をかなり巻き込みに入ったので、これはトランプ大統領が非常に強いのだと思います。今のところ、習近平《しゅうきんぺい》国家主席をあそこまで巻き込み、北朝鮮の制裁に加わらせているので、これがそうとう堪《こた》えてきているとは思います。

ただ、トランプ大統領の時代はそれでいけたとしても、その次の時代に、もし、反対側の「弱いタイプの大統領」が出てきた場合には、再び中国の拡張路線・軍事路線が始まっていくかもしれません。

5　小池《こいけ》新党、これだけの問題と矛盾《むじゅん》

小池新党の問題点①――「原発ゼロ」で日本はどうなる

そのように考えると、日本のマスコミによれば、今の選択肢《せんたくし》は「自民・公明連立政権」対「〝希望の党〟と称《しょう》して、これから小池《こいけ》都知事がおつくりになる党」ということになるようですが、よく見ておく必要があるでしょう。

彼女たちが、何を政策にして、どんなメンバーで、どんな組織で、どんな戦い方をするのかは知りませんが、あのようにトリックスター的な人をリーダーにして、対決姿勢に持ち込《こ》み、大きく見せて応援《おうえん》させようというやり方のようではあります。

これも、対決のような感じの図式の「喧嘩型《けんか》」にすれば、視聴率《しちょうりつ》も取れるし、面白《おもしろ》いのかもしれませんが、その内容についてはもう少し見なければいけません。

小池氏のほうで特に気になるのは、「すべての原発を廃止《はいし》、もしくは停止」ということを言っているところです。

もちろん、これまでにも、そのように言っているところはありましたし、これによって左翼《さよく》系の人たちを巻き込み、取り込むつもりなのだろうとは思います。「右も左も取ってやろう」と考えて言っているのでしょう。

実際に、原発施策《しさく》について、そういう国もあることはあります。ドイツなども、「新たに原発をつくることはしない」とは言っているものの、それでも、八基程度の原発は稼働《かどう》しているのです。

ただ、原発以外の電力として、例えば、太陽光発電などはまだ全体の六パーセント程度しか賄《まかな》っていないようで、自国も原発を持っていますし、フランスの原発からの電力をかなりもらって、ドイツの工業は成り立っています。

メルケル首相の時代になって、太陽光パネルで発電しようとして、ずいぶんやっていますけれども、発電を調整できないために、それを近隣《きんりん》の国に売ろうとしたり、「電力の売買に補助金を出す」などといった、まったくバカバカしい政策をしています。

あれが〝日本では誰《だれ》に当たるか〟を言おうと思えば言えなくもありません。彼女の勉強したことは、菅直人《かんなおと》氏にいちばん近いことをなさっています。両者とも物理学の勉強をなされているので、最も近いとは思うのですが、あまりうまくいっているようには見えません。

2017年5月、6月にそれぞれ再稼働した高浜《たかはま》原子力発電所4号機（奥）と3号機（福井県高浜町）。全国で運転中の原発は九州電力川内《せんだい》原発1、2号機（鹿児島県）、四国電力伊方《いかた》原発3号機（愛媛県）と合わせ、3原発5基となった。

小池新党の問題点②——地球温暖化政策との理論的矛盾《むじゅん》

一方、中国などは、ここ二、三十年で原発を三百基程度つくる予定です。それから、アメリカもまだまだつくる予定があります。これの意味していることを考えなければいけないのです。

中国には十数億人もの人口があります。インドもまた、十数億人になっていますが、これからエネルギーが大量に必要になってきます。ですから、石油や石炭、天然ガス等は、当然使うつもりであり、それでもまだ足りないので、原発をつくっているわけです。

そうでありながら、中国は今、「一帯一路《いったいいちろ》構想」と称し、「海のシルクロード」と「陸のシルクロード」の両方をつくって、アラビア半島の石油の供給源のところまで自分の道をつくろうとしています。これが軍事的に守られたかたちで完成した場合、日本は今の北朝鮮《きたちょうせん》と同じような状態になる恐《おそ》れが強いのです。すなわち、エネルギーが日本に入ってこなくなる危険性は、極《きわ》めて強いわけです。

しかも、それ以外の発電によってすべてを賄えるかどうかは分からないところがあるにもかかわらず、原発でのエネルギーがまったく計算できないということになれば、化石燃料型の石油・石炭・天然ガス、その他の自然のエネルギーを燃やして発電を行わざるをえなくなるのです。

これは、ある意味で、日本ではすでに合意

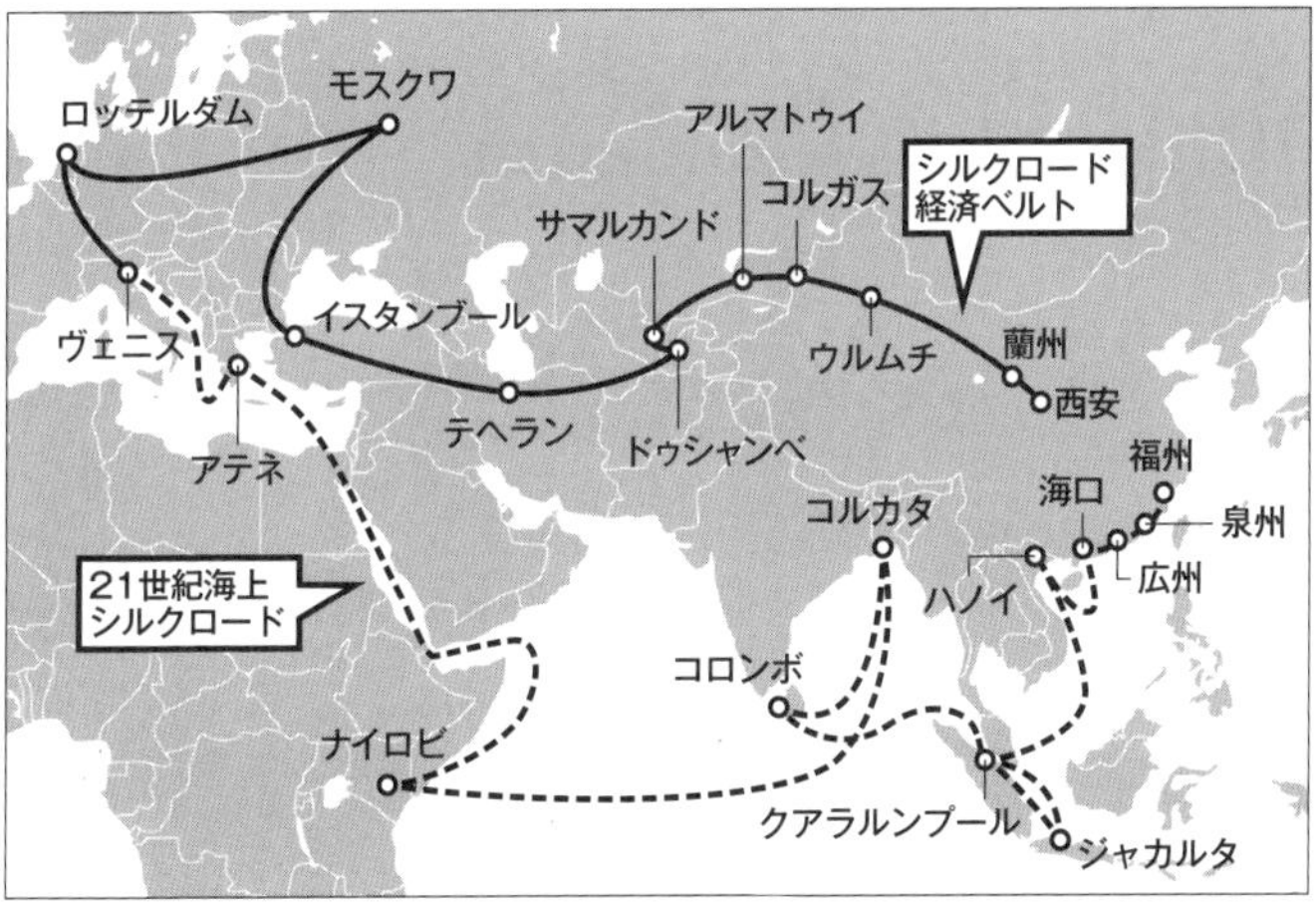

「一帯一路構想」とは、中国の習近平国家主席が推進する「陸のシルクロード（一帯）」と「21世紀海上シルクロード（一路）」の２つの経済・外交圏構想。アジアインフラ投資銀行（AIIB）などを通して、関係国に道路や鉄道、港湾、通信網などのインフラ整備を行い、新たな経済圏の確立を目指している。

している「CO_2の排出《はいしゅつ》基準に沿って排出を減らしていく」という国際公約を守らないことも意味しています。

この点は矛盾《むじゅん》しているのですが、小池新党は、これをコロッと変えようとしています。

もっとも、私は、決してCO_2の増加だけで地球温暖化になるとは思っていないので、この点についてあまり追及《ついきゅう》する気はないのですが、「理論的に矛盾している」ということは言っておきたいのです。

地球の温暖化は、今から一万一千年前、あるいは六、七千年前のころから急速に始まり、まだ温暖期が続いている状態なのです。しかし、だいたい一万年周期で温暖期と寒冷期が変わるため、「いずれは寒冷期が来るだろう」と見ているので、「地球温暖化というのはちょっと違《ちが》うのではないか」という考えを持っています。そういう意味では、パリ協定からの離脱《りだつ》を表明したトランプ大統領と同様

●パリ協定からの離脱を……　2017年6月1日、アメリカのトランプ大統領は、地球温暖化対策の国際枠組み「パリ協定」から離脱すると発表。トランプ氏は、2016年の大統領選などで、地球温暖化に関して、米国製造業の弱体化を狙う中国の「でっち上げ」とし、同協定からの離脱を選挙公約としていた。

の考え方を取ってはいるのです。

いずれにしても、もし、日本が原発を完全に廃止することにした場合、その後、何らかの理由で外から輸入するエネルギーまで止まるようなことがあれば、日本は立ち行かなくなり、「もう一段小さな国になっていくかもしれない」ということを、私は心配しています。

小池新党の問題点③——日本は「核装備《かくそうび》」を放棄《ほうき》するのか

それから、日本が「原発に関する技術」、要するに、「核《かく》エネルギー技術」を持っているということは、将来的に、北朝鮮あるいは中国等における核ミサイルの準備がどんどん進んできた場合に、日本が国防のために「核ミサイル利用による防衛」も考えられる可能性があることを意味しているわけです。

核ミサイルは、現在の日本ならば、時間的には一年ぐらいでつくれるとも言われていますが、原発の廃止は、これを〝まったく放棄《ほうき》するスタイル〟になります。そのような考え方は、「憲法九条が日本を完全に支配する」というスタイルでしょう。もはや国民などどうでもよいわけで、「たとえ日本がゴビ砂漠《さばく》のようになろうとも、憲法九条は生き続ける」といったことになりかねません。いつの間に、こんな〝信仰《しんこう》〟が立ってしまったのでしょう。宗教が滅《ほろ》び、その〝代わり〟として憲法が立っているような感じでしょうか。

憲法については、「変えるべきものは変えてもよい」と私は思っているのですが、安倍《あべ》政権が憲法改正について言ってはいるものの、はっきり言って、今の状態では「もう間に合わない」というのが率直《そっちょく》な感想です。

したがって、国防に関する当面の対応として、幸福実現党では「憲法九条適用の除外」という主張をしています。これは、私が提唱した考えがもとになっています(『この国を守り抜《ぬ》け』『平和への決断』〔共に幸福実現党刊〕等参照)。

日本国憲法の前文では、「平和を愛する諸国民の公正と信義に信頼《しんらい》して」というような平和主義を標榜《ひょうぼう》しています。要するに、「武力を用いず、交戦権を用いないで、国際社会を信頼して生きていく」という決意を述べているわけです。

しかし、「平和を愛する諸国民」ではないところ、すなわち、明らかに侵略《しんりゃく》的な意図を持っている国が出てきたときに、その段階から憲法改正をしようとしても間に合いません。

したがって、そうしたところに対しては、通常のレベルにおいて個人が持っている自衛権や会社が持っている自衛権もあるように、「当然、国家が国家として存続するための正当防衛の権利もある」ということです。「明確な侵略の意図を持ったものに対して十分に防衛するのは、当たり前のことである」と、私は考えています。

6　危機の時代の「リーダーの資質」と「政策」とは

「危機のリーダーシップ」を発揮したチャーチルの信念

とにかく、「甘《あま》く対応をすれば、すべてがうまくいき、穏《おだ》やかになる」という考えもあるかもしれませんが、それは第二次大戦の教訓に学んでいないところがあるのです。

第二次大戦において、「ヒットラーという人にどこまでの野心があるかを見抜《みぬ》けたか、見抜けなかったか」ということは、ヨーロッパでは大きな問題ではないかと思います。

そのヒットラーについて、イギリスの首相を務めたチャーチルは、「ヒットラーは、ポーランドや、石炭や鉄鉱石が出る地域だけを占領《せんりょう》すれば、それで満足するような人ではない」と、早々《はやばや》と見抜いていました。そのため、徹底的《てってい》に抗戦《こうせん》し、「絶対に降伏《こうふく》はしない」ということを貫《つらぬ》いたのです。そうした信念の政治家がいました。

　彼の信念がなかったら、イギリスも滅《ほろ》びていた可能性は極《きわ》めて高いでしょう。

　今、「ダンケルク」（二〇一七年九月、日本公開／ワーナー・ブラザース）という映画が上映されています。これは、第二次大戦中、ドイツ軍に取り囲まれた英仏連合軍が撤退《てったい》するところを映画化したもので、ヒットしています。

「ダンケルク」（2017年公開／クリストファー・ノーラン監督／ワーナー・ブラザース）

　ドイツ軍に取り囲まれた四十万人のうち、三十数万人は逃《に》げられたのですが、ほとんどの重い兵器は浜辺《はまべ》に放棄《ほうき》し、銃《じゅう》だけを持って輸送船等に乗り、イギリスに逃げて帰るのです。英仏共にそういうことをしました。

そのように、一九四〇年ごろのイギリス本土では、ドイツに対抗する兵器のない状態があったのです。国防に力を入れるようになったのはそれからあとのことです。

当時、チャーチルは、「国防を充実《じゅうじつ》させて、ドイツに対抗できるものを持たなければ、この国は滅びる恐《おそ》れがある」と言い続けていたわけですが、実際に空爆《くうばく》が始まると、チャーチルが首相に選ばれたというようなこともありました。

そのように、本当に爆撃《ばくげき》が始まるまで分からないというのが人間の愚《おろ》かなところであり、危機のリーダーは、そういうことを〝始まる前〟に見抜いているわけです。チャーチルは、相手の人間の筋《すじ》から、「どこまで欲があるか」ということを見抜いていました。

当時、ドイツに侵攻《しんこう》され、フランスはすぐに降参し、イギリスも本当は降伏する寸前だったのですが、チャーチルの意地で抵抗戦《ていこう》を行い、戦い続けたことと、アメリカやソ連まで参戦に持ち込《こ》んだところで、国が潰《つぶ》れるのは何とか防いだわけです。もっとも、当時の日本からすれば、逆のほうがありがたかったのかもしれませんが、それが、誇《ほこ》りある大英帝国《ていこく》の「最後の輝《かがや》き」になりました。

経済――「バラマキ選挙で財政赤字」はもうやめよう

こうした危機の時代には、やはり、信念を持った人が政治家にならなければいけないし、「人物を見分ける技術」も必要だと思うのです。

その意味で、とにかく選挙に勝てばよいとばかりに、票集めばかりを考えるとか、「ポピュリズム」のようなものに走ったりするというのは、はたしてどうなのでしょうか。

もちろん、人気が出るのはよいことではありますが、今の政治家は、選挙になると、必ず、票が集まるような、支持率が上がるような、人が喜ぶようなことばかりをしています。こういうところが、民主主義において最も悪弊《あくへい》と言われるところでしょう。これによって、民主主義国家ではほとんど財政赤字が続いているのです。それは、選挙をやるためです。

選挙をするときに、選挙の費用だけでは潰れませんが、そうではなく、選挙の費用以外にも、いろいろな〝バラマキ〟をしないかぎり票が取れないので、それをやり続けるわけです。そのため、「財政均衡法《きんこう》」のようなものをつくったりして戦っているのですが、選挙になると破られるというかたちになるわけです。

したがって、国民を叱《しか》れるぐらいの政治家も必要だと私は思っています。選挙のたびに、「お金を幾《いく》らくれるの?」などとせびるような国民では、やはりよろしくないでしょう。国家が財政赤字であるということが分かっているなら、「余

●**財政均衡法**　米国で、財政赤字に歯止めをかけ、中長期的に削減していくためにつくられた法律。日本でも、1997年に財政構造改革法で財政健全化を目指したものの、景気の停滞が長引いたため、1998年12月には、小渕《おぶち》政権がそれを凍結。景気回復を最優先させる措置を取った。

計なところへお金を撒《ま》かないでください」と言うぐらいの毅然《きぜん》とした国民も必要であり、その程度の啓蒙《けいもう》はしなければいけません。

安倍《あべ》首相は、「二〇一九年に消費税を八パーセントから十パーセントに上げる」と言っていますけれども、これは二年後の話です。二年後の二〇一九年十月に消費税を二パーセント上げるというのですが、その使途《しと》の内訳をちょっと変えて、「幼児教育の無償《むしょう》化の費用を少し増やす」などと言っているわけです。

これは、「二年後の話を今の争点にするか」という意味では、おかしいことはおかしいでしょう。要するに、飴玉《あめだま》というか、ニンジンをぶら下げているわけで、明らかに国民をバカにしています。「こうすれば、票が入る」と思ってやっているのは、こちらも分かっているのです。

教育――「安かろう悪かろう」の教育が害を生む

国が財政赤字であるならば、ほかにも考えようがあるのではないでしょうか。

安倍首相が言うように、「子供の教育に費用がかかるので、少子化が止まらない」ということに対して、「幼児教育を無償化すれば、もっと子供を産むだろう」という考え方も、社会主義的にはあるのかもしれません。

しかし、国民の本音からすれば、もっといろいろな選択肢《せんたくし》があって構わないと思うのです。もちろん、よい幼稚園《ようちえん》や保育園があってもいいし、安いところがあってもいいし、タダのところがあってもいいでしょうが、「全部をタダにしろ」と言っているわけではないと思います。

お金がある家庭は、お金を払《はら》って、よいところに行けばよいわけです。そうすれば、国の借金にとっても、助かります。保育園にしても幼稚園にしても、お金のある方はよい教育をお受けになればいいでしょう。

一方で、確かに、標準程度の家庭としては、ある程度の安さも必要でしょうし、「タダにしてくれないと、子供が産めない」という家庭にとっては、無償のものも必要だとは思います。

ただ、このあたりについてはそれぞれの問題であって、「学校等が、どういう教育方針で運営していくか。それが納得《なっとく》のいくものかどうか」ということを考えて選び、決めていけばよいことです。

公立の小学校や中学校だけでなく、高校もタダという流れになっていますが、それで家計が楽になるかといえば、そんなことはないでしょう。むしろ、塾《じゅく》の費用だけがどんどん増えているわけで、もし、「塾の費用を出すために、公立学校をタダにしてあげた」というような感じになっているのなら、これもまた、おかしい話だと思います。

実際、学校教育が充実していれば、塾に行く費用を節約しても構わないところを、学校教育が駄目《だめ》だから、学校教育よりもはるかに高いお金を払って塾に行っているわけです。要するに、「悪いところには、タダでも行かない」ということでしょう。

例えば、うちの近所の学校も新しく建て直され、最近流行《はや》りの小中一貫《いっかん》校になりました。もちろん、タダです。それでいて、ものすごく立派な建物を建てています。〝幸福の科学の教祖殿《きょうそでん》よりも立派な建物〟を、区立の小中学校で建てているのです（笑）（会場笑）。〝お金持ち〟の区なので、そういう建物が建てられたのかもしれません。

ところが、なかの様子を聞いてみると、すでに学級崩壊《ほうかい》が起きているらしく、勉強にならないため、みんな塾に行くわけです。

結局、「お金はかかるわ、子供はダブルスクールで疲《つか》れるわ」、ということになります。子供にしてみれば、ダブルスクールなど、学校へ行きながら夜勤をしているようなものでしょう。それで、「せめて、学校に行っている時間ぐらい遊ばなきゃ損だ」、「寝《ね》なきゃ損だ」、「保健室へ行って寝よう」となるのだと思います。正直に言えば、「学校は寝るところだから、保健室に行って寝る」ということなのでしょう。

ともかく、「タダならよい」というわけではありません。内容がよければ、国民は優先度を変えて、自分たちのお金を使うのです。「悪いものには一円も出したくない」というのは当たり前だと思います。

やはり、いくら公立がタダであり、私立はお金がかかったとしても、よいところであれば、私立のほうに通わせたくなるのが親心でしょう。そのように、家庭には、いろいろと苦労しながら、進歩していったり、絆《きずな》が深まっていったりするところもあるわけです。

7 民主主義の弱点の正体とは

二兆円もばら撒《ま》いた公明党主唱の政策

確かに、「ゆりかごから墓場《はかば》まで、全部、国が面倒《めんどう》を見る」とか、「地方公共団体が面倒を見る」とかいう考えもあります。これは、かつてイギリスにあった社会福祉《ふくし》政策で、労働党の政策でした。

しかし、この考え方では、必ず国が滅《ほろ》びていく、あるいは下《くだ》っていきます。もちろん、そういうかたちでしか救えない人がいることも事実であって、その部分については守らなくてはいけないところはあるのですが、全部がそうなったら駄目《だめ》なのです。

以前、日本でも、公明党の主唱した〝商品券〟のようなもの（定額給付金）を、二兆円分ぐらいばら撒《ま》いたことがありました。それに関して、麻生《あそう》副総理が、「俺《おれ》のところにも来たよ。なぜ、俺のところにこんなものが来るんだろう」という感じで言っていたと思いますが、笑える話ではないでしょうか。総理大臣をやっている方のところにも、そういうものが配布されるわけです。財政再建をしたいのに、そこにまで税金を撒いてくれるとなったら、自分でも頭がおかしくなってくるでしょう。ところが、選挙前になると、そういうことをやるわけです（注。自民党政権はこれ以外にも、一九九九年、小渕《おぶち》内閣が約六千二百億円を使って「地域振興券《しんこうけん》」を交付。また、二〇一六年には、安倍《あべ》内閣が約三千六百億円を使って「臨時給付金」を支給するなどしている）。

やはり、「民主主義政治の甘《あま》さ」というか、「国民の足元を見てニンジンや飴《あめ》で釣《つ》れると思っているような考え方」は、打ち破らなければいけません。

何もかも国家が面倒《めんどう》を見るのは「共産主義」

もちろん、いつの時代にも、弱い人や働けない人、病気の人や高齢《こうれい》の人、障害のある人など、いろいろな人がいますから、そういう人たちに対して、地方公共団体や国家が援助《えんじょ》の手を差し伸《の》べるのは、当然の義務でしょう。あるいは、大企《だいき》業《ぎょう》などでも、福祉のために、利益の一部を使って財団をつくったりすることもあります。財閥《ざいばつ》をつくれるような人たちが、篤志家《とくしか》として頑張《がんば》るところもあるわけです。そのように、世の中には「助け合い」があっていいとは思うのです。

しかし、「何もかも国家のほうが丸ごと面倒《めんどう》を見る」という体制は、共産主義の社会でしょう。

確かに、共産主義も、農耕だけを行《おこな》っているムラ社会としては、よいところもあるのです。「自然の恵《めぐ》みによって作物はできるが、洪水《こうずい》が起きたら田畑が荒《あ》れる」といった、同じような条件の下《もと》に生きている者にとっては、ある意味で、結果平等は享受《きょうじゅ》できるのかもしれません。

ところが、工業国家や商業国家になり、知恵《ちえ》や自由度によって裁量が広がっていった場合には合わなくなってきて、潰《つぶ》れるところは潰れ、繁栄《はんえい》するところは繁栄します。そこで、みなで知恵を絞《しぼ》って、さらによいものを生み出していくことになるわけです。これが資本主義的自由主義の発展の姿でしょう。

やはり、この部分を残しておかないと、この世に生まれた人間としての値打ちがなくなってしまいます。「生まれたあとは、すべて面倒を見てもらう」というのは、よいことのようであって、そうではありません。むしろ、バカにされている感じを受けないようでは、プライドのある国民とは言えないのではないでしょうか。

特に今、北朝鮮《きたちょうせん》に〝科学大国〟として抜《ぬ》かれようとしていることに対して、日本国民としては、奮起《ふんき》しなければいけないと思います。まさに、「水爆《すいばく》実験をやるぞ」と言って脅《おど》されているような状態になっているのです。

あるいは、中国に対しても同様でしょう。前述した「一帯一路《いったいいちろ》」には、海と陸のシルクロードがあるわけですが、新聞には、「陸のシルクロードにチューブを通して、ジェット機よりも速い、時速四千キロの速度で移動する弾丸《だんがん》列車をつくろうとしている」というような記事が載《の》っていました。

これは、かなり大きな構想であるし、おそらく、中国は全部を自分の領土にする気ではいるのだと思いますが、ヨーロッパまで突《つ》っ走れるような列車をつくろうとしているとなると、日本は負けていくことになるでしょう。頑張らないと、本当に負けてしまいます。この国が、どんどん後進国になっていきかねません。

やはり、周りをよく見渡《みわた》して、「自分の国は自分で守り、自分の国は自分で発展させる」という気持ちを持たなくてはいけないのです。そうせずに、みなが依《い》存《ぞん》してぶら下がっていくような国になってきたら駄目だと思いますし、それは間《ま》違《ちが》っています。

8　民主主義の弱点克服《こくふく》には「信仰《しんこう》」が必要

無神論では、暴政下の人権侵害《しんがい》を止めることができない

さらに大切なのは、「信仰心《しんこうしん》」のところです。ここが、明治以降、だんだん薄《うす》れていきましたし、戦後になって特に薄れてきています。あるいは、信仰心については、家庭や個人に任せるようなかたちになっているのかもしれません。

しかし、日本は戦後、アメリカに似せながらも、この部分が根本的に違《ちが》っているのです。

アメリカは信仰国家です。「神は存在すると思いますか」と訊《き》けば、九十数パーセントの人が、「神の存在を信じます」と答えるでしょう。しかし、日本では、

表向きにそんなことは言わないと思います。「神は存在する」と答える人のパーセンテージは、おそらく、北朝鮮《きたちょうせん》や中国と変わらない数字が出てくるのではないでしょうか。

したがって、この状況《じょうきょう》をもっと自覚させなければいけないと思うのです。それ（無神論）は人間の傲慢《ごうまん》さにつながるでしょう。この世の人間の権力が無限大に近いものとなって、「魂《たましい》がないのであれば、人間など、生かそうが殺そうが自由だ」という考えに必ずつながっていきます。

しかし、基本的人権は、「各人に魂があって、それは神仏から頂いた尊い命なのだ」ということから高まってくるのです。これが、もし、「安倍《あべ》首相が、日本でいちばん〝進化〟した人類だ」というのであれば、私などは本当に〝死にたく〟なってしまいます（笑）（会場笑）。

やはり、人間の上に神仏がいるのであって、それを謙虚《けんきょ》にお祀《まつ》りするべきです。

人間としてのベストは尽《つ》くさなくてはいけないとしても、それで、他人《ひと》に対して傲慢になったり、天狗《てんぐ》になったりしてはいけません。そういうことを教えるために、台風が来て日本列島を縦断したり、地震《じしん》が起きたり、津波《つなみ》が起きたり、外国からの国難が来たりしているのでしょう。「謙虚でなければいけない。もっと人間として努力をしなければ、この国を守れないぞ」ということです。

したがって、「人間は最高ではないのだ」と知ったほうがいいし、謙虚に努力するためには、信仰心が必要なのです。

信仰《しんこう》なき民主主義は、底が浅くなる

あるいは、宗教と政治を別に考える向きもあるのかもしれませんが、「信仰《しんこう》なき民主主義」は、どう見ても底が浅いと思います。底が浅すぎるのです。

左翼《さよく》の人たちは、最終的に、「唯物論《ゆいぶつろん》」や「無神論」のほうに飛びつきやすいわけですが、彼らにしても、弱い人たちを人権侵害《しんがい》から守ろうとしているとは思います。

ただ、弱い人たちの人権を守るときに、そこが弱肉強食のジャングルのような世界であれば、守りたくても守れません。やはり、「それぞれの人間には仏性《ぶっしょう》が宿っている。神の子としてのダイヤモンドの光が宿っているのだ」と思えばこそ、「弱い人たちにも、今世《こんぜ》を幸福に生きる権利があるし、何かの条件を加えることで、また違った人生が開けるのなら、そこにつっかえ棒も入れましょう。手伝いも入れましょう」ということになるわけです。もし、〝ジャングルの掟《おきて》〟のままであるならば、弱い者は食い殺されて終わりのはずです。

しかし、人間はそうではありません。お互《たが》いが、「神の使命を帯びた尊い魂」として生きているのです。

強い者も弱い者もあるし、富める者も貧しい者もあるけれども、協力し合えるところは協力し、自分の余りたるものについては、ほかの者に使ってもらうなりすればよいでしょう。そして、自分が恵《めぐ》まれていることに対しては、感謝する心、お返ししていく心が大事なのです。

9　尊敬できるリーダーを育てるのは信仰《しんこう》

神仏の前に謙虚《けんきょ》さを、人々には愛を示す人を政治家に

したがって、この世の中で選ばれてエリートになりし者たちは、それだけの「自己犠牲《ぎせい》を払《はら》う精神」が必要だと思います。

やはり、「自分を犠牲にしてでも多くの人を救いたい」という気持ちを持った人に国会議員等になってもらわなければ困るのです。

また、そういう心を持つためには、神仏への信仰心《しんこうしん》がきちんとしていなくてはなりません。「自分が偉《えら》ければいいんだ」、「自分がとにかく偉いんだ」、「官僚《かんりょう》よりもっと偉くなれるから政治家を目指すんだ」というような考えだけの人であれ

ば、たとえ、いくら票を入れて当選させ、大臣にしたところで、どうせ悪いことばかりするでしょう。神仏の前に謙虚《けんきょ》で、人々に愛を押《お》し広げる人たちを選んでいかなくてはならないのです。

「清潔で、勇断できる政治」こそ、危機のリーダーシップ

そのためには、「清潔で、勇断できる政治」が大切です。そうした危機のリーダーシップを発揮できる人たちを選んでいかなければなりません。

今回の国政選挙について、「政権選択《せんたく》選挙」などと言っていますが、あんなものはまやかしであって、もはや信じられない思いです。

やはり、民度を上げなくてはいけないし、啓発《けいはつ》し、啓蒙《けいもう》しなければいけないいでしょう。「本当に必要な人はどんな人なのか」を言わなくてはいけないのです。

別に、「右」とか「左」とかいう問題ではありません。人間としての尊厳を守

れる国家を目指すべきです。

そして、この世に生まれた以上、努力によって智慧《ちえ》をつけ、智慧によって、いっそうの発展・繁栄《はんえい》をつくれるような人を輩出《はいしゅつ》していくことが大切でしょう。そういう人を、教育やさまざまな職業訓練においてつくり出していける国家であればこそ、そこに未来が生まれるわけです。

「希望の党は、むしろこちら（幸福実現党）のほうです」。本当に、そう言っておきたいと思います。

それほど多くの時間は残ってはいませんが、そろそろ一発ガツンとやってください。私も、かなり我慢《がまん》していますが、このあたりで頑張《がんば》らないと、この国を守り切れなくなってしまいます。やはり、間違《まちが》ったことがまかり通ったり、嘘《うそ》がまかり通ったりするような世界が長く続いてはいけません。「真実語《しんじつご》」で戦う者が認められる時代をつくるために、幸福実現党は頑張っていこうではありませんか。

正義の根本《こんぽん》にあるものは、「神の正義」と「人々への愛」

また、宗教的な観点で言うと、まず、「政教分離《ぶんり》」の問題があるでしょう。

確かに、そう憲法に書いてあるわけですが、それは、天皇陛下《へいか》が現人神《あらひとがみ》として存在し、戦争中に日本軍が「天皇陛下万歳《ばんざい》！」と言って突《つ》っ込《こ》んでいったようなことが原因にあります。

つまり、それをまたやられたら困るために占領軍《せんりょう》が入れた一項《こう》であって、それによって私たちが迷惑《めいわく》を被《こうむ》る必要など全然ないのです。

さらに、マスコミの扱《あつか》い方にしても、「オウム真理教」とほかの宗教とを全部一緒《いっしょ》にしている状況《じょうきょう》ですが、こんなことはおかしいと思います。「知的レベルが低すぎる」としか言いようがありません。やはり、「教えの内容」を見るべきであって、内容が分からないのであれば黙《だま》っていなくてはいけないでしょう。

なお、小池氏《こいけ》の「希望の党」はこれから政策を練《ね》るのだと思いますが、幸福実現党は八年も前から政策を出しているのです。本当に、「もう、いいかげんにしてくれ」と言いたくなるぐらいです。小池氏にしても、そろそろ〝妖怪《ようかい》の時代〟は終わりにしなければいけないのではないでしょうか。

とにかく、前進！　前進！　前進あるのみです！　私たちの仕事は、この地上に「神の愛」を打ち立て、広げることにあります。「神の正義」を打ち立て、広げることにあるのです。

全世界の人々にとって必要なものとして、「何が地球的正義であり、何が正しいか」ということを押し広げていかなければなりません。

そこには、ハーモニーも要《い》るでしょう。バランスも必要でしょう。しかし、「正義の根本《こんぽん》」にあるものは、「人々への愛」です。

これを、どうか忘れないでください。

あとがき

北朝鮮や中国のまがいもののような精神国家に転落した日本。科学技術では北朝鮮に追い越され、国の経済では中国に逆転され、おそまきながら、ファシズム的国家社会主義をまねようとしている日本。報道されている政党は、ファシズムの二番煎《せん》じ（安倍自民、小池新党）とスターリニズムの亜流《ありゅう》（共産、社民、立憲民主など）、権力にすりよる反日蓮《にちれん》主義政党（公明）などである。

神仏の心を心とした、清潔《せいけつ》で勇断できる政党が今の日本には必要である。今、日本で、「危機のリーダーシップ」をとっているのは、幸福実現党ただ一つである。よく眼《まなこ》を開いて、真実の実相《じっそう》を観《み》よ。

真のヒーローには名前も、名誉も、地位も必要ない。ただ、民衆への真実の愛だけは、時代の空気を貫《つらぬ》いて、厳然《げんぜん》として存在しなくてはならない。

二〇一七年　十月三日

幸福《こうふく》の科学《かがく》グループ創始者兼総裁《そうししゃけんそうさい》

幸福実現党創立者兼総裁《こうふくじつげんとうそうりつしゃけんそうさい》　大川隆法《おおかわりゅうほう》

『危機のリーダーシップ』大川隆法著作関連書籍

『自分の国は自分で守れ』（幸福の科学出版刊）
『緊急守護霊インタビュー 金正恩 vs. ドナルド・トランプ』（同右）
『「忍耐の時代」の外交戦略 チャーチルの霊言』（同右）
『北朝鮮 崩壊へのカウントダウン　初代国家主席・金日成の霊言』（同右）
『文在寅 韓国新大統領守護霊インタビュー』（同右）
『「報道ステーション」コメンテーター
後藤謙次 守護霊インタビュー　政局を読む』（同右）

『この国を守り抜け』（幸福実現党刊）
『平和への決断』（同右）
『北朝鮮――終わりの始まり――』（同右）

危機《きき》のリーダーシップ
――いま問われる政治家の資質と信念――

2017年10月4日　初版第1刷
2017年10月17日　第2刷

著　者　大《おお》　川《かわ》　隆《りゅう》　法《ほう》

発行所　幸福の科学出版株式会社

〒107-0052 東京都港区赤坂2丁目10番14号
TEL(03)5573-7700
http://www.irhpress.co.jp/

印刷・製本　株式会社 研文社

落丁・乱丁本はおとりかえいたします

ISBN978-4-86395-945-3 C0030
カバー写真：時事
本文写真：時事／AFP＝時事

大川隆法霊言シリーズ・日本の政治を考える

自称〝元首〟の本心に迫る

安倍首相の守護霊霊言

幸福実現党潰しは、アベノミクスの失速隠しと、先の参院選や都知事選への恨みか? 国民が知らない安倍首相の本音を守護霊が包み隠さず語った。

1,400円

二階俊博自民党幹事長の守護霊霊言

〝親中派〟幹事長が誕生した理由

自民党の No.2 は、国の未来よりも安倍政権の「延命」のほうが大事なのか? ウナギやナマズのようにつかまえどころのない幹事長の本音に迫る。【幸福実現党刊】

1,400円

戦後保守言論界のリーダー 清水幾太郎の新霊言

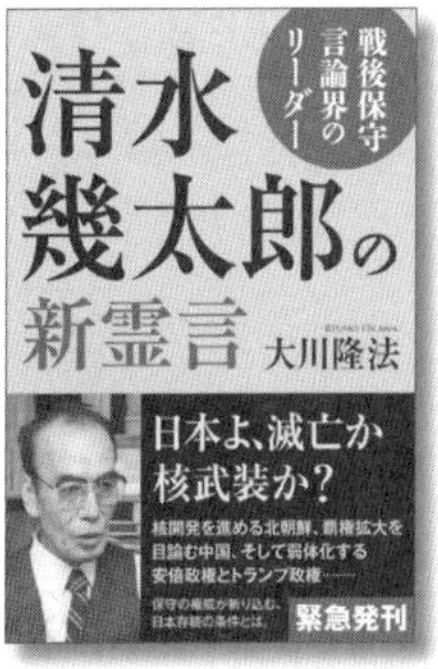

核開発を進める北朝鮮、覇権拡大を目論む中国、弱体化するトランプ政権――。国家存亡の危機に瀕する日本が取るべき「選択」とは何か。

1,400円

幸福の科学出版

大川隆法ベストセラーズ・幸福実現党の目指すもの

幸福実現党宣言

この国の未来をデザインする

政治と宗教の真なる関係、「日本国憲法」を改正すべき理由など、日本が世界を牽引するために必要な、国家運営のあるべき姿を指し示す。

1,600円

政治革命家・大川隆法

幸福実現党の父

未来が見える。嘘をつかない。タブーに挑戦する——。政治の問題を鋭く指摘し、具体的な打開策を唱える幸福実現党の魅力が分かる万人必読の書。

1,400円

大川隆法の守護霊霊言

ユートピア実現への挑戦

あの世の存在証明による霊性革命、正論と神仏の正義による政治革命。幸福の科学グループ創始者兼総裁の本心が、ついに明かされる。

1,400円

※表示価格は本体価格(税別)です。

幸福の科学グループのご案内

宗教、教育、政治、出版などの活動を通じて、地球的ユートピアの実現を目指しています。

幸福の科学

一九八六年に立宗。信仰の対象は、地球系霊団の最高大霊、主エル・カンターレ。世界百カ国以上の国々に信者を持ち、全人類救済という尊い使命のもと、信者は、「愛」と「悟り」と「ユートピア建設」の教えの実践、伝道に励んでいます。

（二〇一七年十月現在）

愛

幸福の科学の「愛」とは、与える愛です。これは、仏教の慈悲《じひ》や布施《ふせ》の精神と同じことです。信者は、仏法真理をお伝えすることを通して、多くの方に幸福な人生を送っていただくための活動に励んでいます。

悟り

「悟り」とは、自らが仏の子であることを知るということです。教学《きょうがく》や精神統一によって心を磨き、智《ち》慧《え》を得て悩みを解決すると共に、天使・菩薩《ぼさつ》の境地を目指し、より多くの人を救える力を身につけていきます。

ユートピア建設

私たち人間は、地上に理想世界を建設するという尊い使命を持って生まれてきています。社会の悪を押しとどめ、善を推し進めるために、信者はさまざまな活動に積極的に参加しています。

国内外の世界で貧困や災害、心の病で苦しんでいる人々に対しては、現地メンバーや支援団体と連携して、物心両面にわたり、あらゆる手段で手を差し伸べています。

年間約３万人の自殺者を減らすため、全国各地で街頭キャンペーンを展開しています。

公式サイト **www.withyou-hs.net**

ヘレン・ケラーを理想として活動する、ハンディキャップを持つ方とボランティアの会です。視聴覚障害者、肢体不自由な方々に仏法真理を学んでいただくための、さまざまなサポートをしています。

公式サイト **www.helen-hs.net**

入会のご案内

幸福の科学では、大川隆法総裁が説く仏法真理《ぶっぽうしんり》をもとに、「どうすれば幸福になれるのか、また、他の人を幸福にできるのか」を学び、実践しています。

入会

仏法真理を学んでみたい方へ

大川隆法総裁の教えを信じ、学ぼうとする方なら、どなたでも入会できます。入会された方には、『入会版「正心法語」』が授与されます。

三帰《さんき》誓願《せいがん》

信仰をさらに深めたい方へ

仏弟子としてさらに信仰を深めたい方は、仏《ぶっ》・法《ぽう》・僧《そう》の三宝《さんぽう》への帰依を誓う「三帰誓願式」を受けることができます。三帰誓願者には、『仏説・正心法語《しょうしんほうご》』『祈願文《きがんもん》①』『祈願文②』『エル・カンターレへの祈り』が授与されます。

幸福の科学 サービスセンター
TEL 03-5793-1727（受付時間／火～金：10～20時 土・日祝：10～18時）

幸福の科学 公式サイト
happy-science.jp

教育

ハッピー・サイエンス・ユニバーシティ
Happy Science University

ハッピー・サイエンス・ユニバーシティとは

ハッピー・サイエンス・ユニバーシティ（HSU）は、大川隆法総裁が設立された
「現代の松下村塾」であり、「日本発の本格私学」です。
建学の精神として「幸福の探究と新文明の創造」を掲げ、
チャレンジ精神にあふれ、新時代を切り拓く人材の輩出を目指します。

学部のご案内

人間幸福学部

人間学を学び、新時代を切り拓くリーダーとなる

経営成功学部

企業や国家の繁栄を実現する、起業家精神あふれる人材となる

未来産業学部

新文明の源流を創造するチャレンジャーとなる

HSU長生キャンパス
〒299-4325
千葉県長生郡長生村一松丙 4427-1
TEL **0475-32-7770**

未来創造学部

時代を変え、未来を創る主役となる

政治家やジャーナリスト、ライター、俳優・タレントなどのスター、映画監督・脚本家などのクリエーター人材を育てます。4年制と短期特進課程があります。

・4年制
1年次は長生キャンパスで授業を行い、2年次以降は東京キャンパスで授業を行います。

・短期特進課程（2年制）
1年次・2年次ともに東京キャンパスで授業を行います。

HSU未来創造・東京キャンパス
〒136-0076
東京都江東区南砂2-6-5
TEL **03-3699-7707**

学校法人
幸福の科学学園

学校法人 幸福の科学学園は、幸福の科学の教育理念のもとにつくられた教育機関です。人間にとって最も大切な宗教教育の導入を通じて精神性を高めながら、ユートピア建設に貢献する人材輩出を目指しています。

幸福の科学学園

中学校・高等学校(那須本校)
2010年4月開校・栃木県那須郡(男女共学・全寮制)
TEL **0287-75-7777**
公式サイト **happy-science.ac.jp**

関西中学校・高等学校(関西校)
2013年4月開校・滋賀県大津市(男女共学・寮及び通学)
TEL **077-573-7774**
公式サイト **kansai.happy-science.ac.jp**

仏法真理塾「サクセスNo.1」 TEL **03-5750-0747**(東京本校)

小・中・高校生が、信仰教育を基礎にしながら、「勉強も『心の修行』」と考えて学んでいます。

不登校児支援スクール「ネバー・マインド」 TEL **03-5750-1741**
心の面からのアプローチを重視して、不登校の子供たちを支援しています。
また、障害児支援の**「ユー・アー・エンゼル!」運動**も行っています。

エンゼルプランV TEL **03-5750-0757**
幼少時からの心の教育を大切にして、信仰をベースにした幼児教育を行っています。

シニア・プラン21 TEL **03-6384-0778**
希望に満ちた生涯現役人生のために、年齢を問わず、多くの方が学んでいます。

NPO
活動支援

学校からのいじめ追放を目指し、さまざまな社会提言をしています。また、各地でのシンポジウムや学校への啓発ポスター掲示等に取り組む一般財団法人「いじめから子供を守ろうネットワーク」を支援しています。

ブログ **blog.mamoro.org**
公式サイト **mamoro.org**
相談窓口 **TEL.03-5719-2170**

政治

幸福実現党

内憂外患《ないゆうがいかん》の国難に立ち向かうべく、2009年5月に幸福実現党を立党しました。創立者である大川隆法党総裁の精神的指導のもと、宗教だけでは解決できない問題に取り組み、幸福を具体化するための力になっています。

幸福実現党 釈量子サイト
shaku-ryoko.net

Twitter
釈量子@shakuryoko
で検索

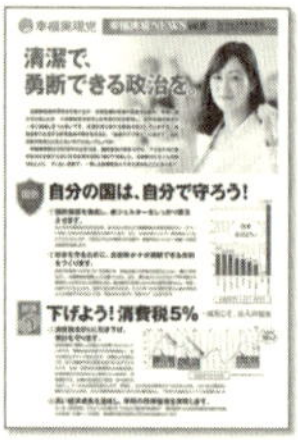

党の機関紙
「幸福実現NEWS」

幸福実現党 党員募集中

あなたも幸福を実現する政治に参画しませんか。

○ 幸福実現党の理念と綱領、政策に賛同する18歳以上の方なら、どなたでも参加いただけます。
○ 党費:正党員(年額5千円[学生 年額2千円])、特別党員(年額10万円以上)、家族党員(年額2千円)
○ 党員資格は党費を入金された日から1年間です。
○ 正党員、特別党員の皆様には機関紙「幸福実現NEWS(党員版)」が送付されます。

＊申込書は、下記、幸福実現党公式サイトでダウンロードできます。
住所:〒107-0052　東京都港区赤坂2-10-8 6階 幸福実現党本部
TEL **03-6441-0754**　FAX **03-6441-0764**
公式サイト **hr-party.jp**　若者向け政治サイト **truthyouth.jp**

幸福の科学出版

出版メディア事業

大川隆法総裁の仏法真理の書を中心に、ビジネス、
自己啓発、小説など、さまざまなジャンルの書籍・雑誌を出版しています。他にも、映画事業、文学・学術発展のための振興事業、テレビ・ラジオ番組の提供など、幸福の科学文化を広げる事業を行っています。

アー・ユー・ハッピー?
are-you-happy.com

ザ・リバティ
the-liberty.com

幸福の科学出版
TEL **03-5573-7700**
公式サイト **irhpress.co.jp**

THE FACT

ザ・ファクト
マスコミが報道しない
「事実」を世界に伝える
ネット・オピニオン番組

Youtubeにて
随時好評
配信中!

ザ・ファクト 検索

芸能文化事業

NEW STAR PRODUCTION

ニュースター・プロダクション

「新時代の"美しさ"」を創造する芸能プロダクションです。2016年3月に映画「天使に"アイム・ファイン"」を、2017年5月には映画「君のまなざし」を公開しています。

公式サイト **newstarpro.co.jp**

ARI Production

ARI《アリ》 Production《プロダクション》

タレント一人ひとりの個性や魅力を引き出し、「新時代を創造するエンターテインメント」をコンセプトに、世の中に精神的価値のある作品を提供していく芸能プロダクションです。

公式サイト **aripro.co.jp**

大川隆法　講演会のご案内

大川隆法総裁の講演会が全国各地で開催されています。
講演のなかでは、毎回、「世界教師」としての立場から、幸福な人生を生きるための心の教えをはじめ、世界各地で起きている宗教対立、紛争、国際政治や経済といった時事問題に対する指針など、日本と世界がさらなる繁栄の未来を実現するための道筋が示されています。

8月2日 東京ドーム「人類の選択」

5月14日 ロームシアター京都「永遠なるものを求めて」

4月23日 高知県立県民体育館「人生を深く生きる」

2月11日 大分別府ビーコンプラザ・コンベンションホール「信じる力」

1月9日 パシフィコ横浜「未来への扉」

講演会には、どなたでもご参加いただけます。
最新の講演会の開催情報はこちらへ。⟹

大川隆法総裁公式サイト
https://ryuho-okawa.org